东南大学校级规划教材

交通仿真实验

主　编　华雪东　任　刚
副主编　张国强　施晓蒙

东南大学出版社
SOUTHEAST UNIVERSITY PRESS
·南京·

内容简介

本实验指导书由作者基于多年在交通仿真领域教学和工程实践的经验精心编写而成,采用了新形态数字教材形式,为读者提供了全面和详细的交通仿真实验指南。书中不仅涵盖了交通仿真实验的完整流程,还介绍了两款主流交通仿真软件交运之星-TranStar 和 VISSIM 的基础操作知识。通过本书,读者可系统地开展交叉口信号控制、干线绿波控制、公交专用道设计、路边停车管理、城市道路网络规划、城市交通系统优化、综合交通系统一体化和智能网联交通流运行 8 个交通仿真实验,更深入地理解和掌握交通仿真的核心理论与实践操作,为未来进行交通系统规划、设计和管控工作打下坚实的基础。

图书在版编目(CIP)数据

交通仿真实验 / 华雪东,任刚主编. -- 南京:东南大学出版社,2025.5. -- ISBN 978-7-5766-2116-7

I. U491.2-39

中国国家版本馆 CIP 数据核字第 20250T3A52 号

责任编辑:丁 丁　　责任校对:韩小亮　　封面设计:王 玥　　责任印制:周荣虎

交通仿真实验　Jiaotong Fangzhen Shiyan

主　　编	华雪东　任　刚
副 主 编	张国强　施晓蒙
出版发行	东南大学出版社
出 版 人	白云飞
社　　址	南京市四牌楼 2 号(邮编:210096　电话:025-83793330)
经　　销	全国各地新华书店
印　　刷	广东虎彩云印刷有限公司
开　　本	700 mm×1000 mm　1/16
印　　张	12.25
字　　数	213 千字
版　　次	2025 年 5 月第 1 版
印　　次	2025 年 5 月第 1 次印刷
书　　号	ISBN 978-7-5766-2116-7
定　　价	68.00 元

本社图书若有印装质量问题,请直接与营销部联系,电话:025-83791830。

前言 PREFACE

近年来,我国交通系统建设取得了突飞猛进的发展,尤其是在交通基础设施硬件建设方面,许多关键指标位列世界前茅。我国的高铁运营里程已经超过了全球任何国家,高速公路网建设规模位居世界首位,港口货物吞吐量更是稳居全球第一。这些辉煌成就不仅彰显了我国在交通基础设施建设领域的卓越实力,也充分体现了政府对交通系统持续投入的坚定战略决心。在国家政策的大力推动下,通过科学规划和高效实施,我国的交通基础设施建设不仅为社会经济的快速发展提供了有力支撑,也为全球交通领域的发展树立了标杆。

然而,尽管取得了显著成绩,当前我国交通系统仍然面临一系列问题。随着城市化进程的加速,城市人口和机动车保有量持续增长,交通拥堵、交通安全事故频发、环境污染等问题愈加突出。交通系统的这些问题不仅对人民的日常出行造成了困扰,也对城市的可持续发展带来了严峻挑战。这些问题产生的其中一个重要原因,是在交通基础设施建设过程中,前期的量化决策没有充分考虑系统的复杂性和多样化需求,导致规划与实际需求的匹配度不高。同时,建设完成后运维管理的不足也进一步加剧了交通系统的低效和不稳定。因此,如何有效评估交通系统的运行状况,优化管理措施,提升整体运行效率,已成为当前交通系统建设中的一项迫切任务。而交通仿真技术作为一种重要的技术工具,恰恰为解决这些问题提供了科学支持。

交通仿真技术是一种基于计算机建模和系统模拟的技术手段,通过构建交通流模型复现真实交通系统的动态变化。仿真技术可以在虚拟环境中模拟不同的交通情景,从而为交通系统的规划、设计和管理提供量化分析与科学决策支持。相比传统的交通分析方法,交通仿真具有显著的优势。首先,仿真技术可以通过虚拟环境复现交通运行情况,既可以模拟当前的交通状况,也能够预测未来不同方案或政策下的运行效果。其次,仿真技术可以灵活设置不同的交通场景,测试各种管理措施的可行性和有效性,从而为实际交通系统的优化提供科学依据。

交通仿真技术在交通系统的各个方面都得到了广泛应用,包括信号控制优化、道路设计验证、交通政策评估、智能交通系统的运行模拟等。一方面,仿真能够在无需干扰实际交通运行的情况下,对不同管理措施的效果进行评估,避免了现实中大规模交通实验可能带来的高成本和风险;另一方面,通过对不同情景下的交通仿真,能够有效优化信号配时、设计合理的交通流组织方案,并评估不同方案对交通安全、能耗和环境等的影响。其显著优势使得交通仿真不仅具备极高的技术价值,也在实际操作中展现了巨大的应用潜力。

本书围绕交通仿真技术的基础理论、操作方法及其实践应用进行全面系统的介绍,旨在帮助从事交通仿真技术研究的科研人员、交通工程师以及相关领域的学生深入掌握这一技术。本书通过对仿真技术流程的深入剖析,详细讲解了如何使用交通仿真软件进行实验设计与操作,并结合实际案例展示了仿真技术的具体应用场景,帮助读者通过实操提升对交通仿真技术的理解与掌握。

本书内容分为三个主要部分:

(1) 第一部分:交通仿真实验过程梳理。该部分系统阐述了交通仿真实验的基本流程和方法,涵盖了实验前的准备工作、实验的执行步骤以及实验结果的整理和分析。通过该部分的学习,读者可以全面了解交通仿真实验的操作流程,掌握实验所需的各项准备工作与资源调配,确保仿真实验的顺利开展与结果的科学性。

(2) 第二部分:仿真操作介绍。本部分重点介绍了国内外主流的交通仿真软件操作,包括东南大学自主研发的"交运之星-TranStar"以及国际广泛使用的微观仿真软件VISSIM。本书详细讲解了如何使用这些软件进行交通系统模型的建立、数据输入、仿真运行与结果分析,帮助读者掌握交通仿真软件的基本操作流程及功能使用。

(3) 第三部分:仿真实验实践。为了帮助读者更好地理解和应用仿真技术,本书设计了8个典型的交通仿真实验案例。这些实验涵盖了从交叉口信号控制、干线绿波控制到智能网联交通流等多种应用场景。每个实验都包含了详细的实验步骤、仿真结果的解析,以及不同交通场景下仿真技术的应用说明,帮助读者通过实验掌握仿真技术的实际操作,提升交通仿真技术在不同应用中的实操能力。

本书的出版得到了东南大学2023年校级规划教材建设项目的资助,东南大学出版社也给予了大力支持。本书的编写团队由东南大学交通学院的多位教师和研究生组成。他们在交通仿真领域的研究成果和丰富经验为本书提供了坚实的学术基础。具体章节的编写人员如下：第一章：华雪东、任刚、高语桐；第二章：华雪东、孙浩楠、赵扬震、李宇豪、周起豪、崔圣钊、刘哲宁、刘科隆；第三章：张国强、任刚；第四章：张国强、任刚；第五章：张国强、任刚；第六章：张国强、任刚；第七章：张国强、任刚；第八章：华雪东、王沁宇；第九章：华雪东、高瑞玲；第十章：华雪东、雷惠莹；第十一章：施晓蒙、杨帅；全书由任刚、华雪东、张国强、施晓蒙、赵扬震、罗心灿等人修订。

尽管编者力求详尽全面，但由于学术水平和知识结构的限制，本书难免存在疏漏和不足之处。特别是在当前交通技术飞速发展的背景下，随着智能网联、自动驾驶、数字孪生等新技术的不断涌现，交通仿真技术将面临新的发展机遇与挑战。未来，新的交通模式和业态的出现，将进一步推动仿真技术的创新与演进，计算机技术的进步以及数据处理能力的提升也必将为交通仿真技术的深化应用提供新的可能，本书的内容无法完全涵盖所有前沿技术的发展。欢迎广大读者批评指正，争取在新形态教材版本改进中不断完善。

编者
2024 年 10 月于东南大学

智享书码

软件安装包

目录 CONTENTS

1	**交通仿真实验基础** …… 001
	1.1 仿真实验概述 …… 001
	1.2 交通仿真的特点和适用条件 …… 003
	1.3 仿真实验前的准备工作 …… 004
	1.4 仿真实验一般流程 …… 005
	1.5 交通仿真软件的二次开发 …… 009
	1.6 小结与思考 …… 010
	参考文献 …… 010
2	**"交运之星-TranStar"仿真操作** …… 011
	2.1 仿真数据库构建 …… 012
	2.1.1 基础数据库导入 …… 012
	2.1.2 新建基础数据库 …… 013
	2.2 仿真方案图形编辑 …… 016
	2.2.1 图层操作 …… 017
	2.2.2 图元编辑 …… 018
	2.2.3 其他 …… 023
	2.3 分析功能选择与设置 …… 025
	2.3.1 分析功能 …… 025
	2.3.2 分析功能设置 …… 027
	2.4 仿真结果查看 …… 028
	2.4.1 可视化图形展示 …… 028
	2.4.2 结构化研究报告 …… 030
	2.4.3 数据表格 …… 031
	2.5 案例分析 …… 031
	2.5.1 方案建立 …… 031

  2.5.2　仿真方案编辑 ……………………………………………… 032
  2.5.3　分析功能设置 ……………………………………………… 033
  2.5.4　案例结果查看 ……………………………………………… 034
 2.6　小结与思考 ……………………………………………………… 036

3　VISSIM 仿真操作 ……………………………………………………… 037
 3.1　路段及行人设施构建 …………………………………………… 037
  3.1.1　路段设施 …………………………………………………… 037
  3.1.2　行人设施 …………………………………………………… 042
 3.2　交通组成、车辆输入与车辆路径设置 ………………………… 045
  3.2.1　交通组成 …………………………………………………… 045
  3.2.2　车辆输入 …………………………………………………… 047
  3.2.3　车辆路径 …………………………………………………… 048
  3.2.4　让行控制 …………………………………………………… 049
  3.2.5　信号控制 …………………………………………………… 053
  3.2.6　节点评估 …………………………………………………… 055
  3.2.7　数据采集点 ………………………………………………… 056
  3.2.8　车辆出行时间 ……………………………………………… 056
  3.2.9　排队计数器 ………………………………………………… 057
 3.3　小结与思考 ……………………………………………………… 057
 参考文献 ………………………………………………………………… 058

4　交叉口信号控制仿真实验 …………………………………………… 059
 4.1　实验定位与目标 ………………………………………………… 059
 4.2　实验情况与要求 ………………………………………………… 060
  4.2.1　实验情况 …………………………………………………… 060
  4.2.2　实验要求 …………………………………………………… 061
 4.3　实验操作流程 …………………………………………………… 061
  4.3.1　道路设施仿真 ……………………………………………… 061
  4.3.2　控制措施仿真 ……………………………………………… 067
  4.3.3　车辆和行人仿真 …………………………………………… 070
 4.4　实验结果分析 …………………………………………………… 071
  4.4.1　仿真数据采集 ……………………………………………… 071
  4.4.2　仿真数据分析 ……………………………………………… 072
 4.5　小结与思考 ……………………………………………………… 074

5 干线绿波控制仿真实验 ·········· 075
5.1 实验定位与目标 ·········· 075
5.2 实验情况与要求 ·········· 076
5.2.1 实验情况 ·········· 076
5.2.2 实验要求 ·········· 077
5.3 实验操作流程 ·········· 078
5.3.1 道路设施仿真 ·········· 078
5.3.2 控制措施仿真 ·········· 081
5.3.3 车辆仿真 ·········· 085
5.4 实验结果分析 ·········· 086
5.5 小结与思考 ·········· 091

6 公交专用道设计仿真实验 ·········· 093
6.1 实验定位与目标 ·········· 093
6.2 实验情况与要求 ·········· 094
6.2.1 实验情况 ·········· 094
6.2.2 实验要求 ·········· 095
6.3 实验操作流程 ·········· 095
6.3.1 道路设施仿真 ·········· 096
6.3.2 控制措施仿真 ·········· 099
6.3.3 车辆仿真 ·········· 102
6.3.4 公交线路仿真 ·········· 104
6.4 实验结果分析 ·········· 106
6.4.1 仿真数据采集 ·········· 106
6.4.2 仿真数据分析 ·········· 107
6.5 小结与思考 ·········· 109

7 路边停车管理仿真实验 ·········· 110
7.1 实验定位与目标 ·········· 110
7.2 实验情况与要求 ·········· 111
7.2.1 实验情况 ·········· 111
7.2.2 实验要求 ·········· 112
7.3 实验操作流程 ·········· 112
7.3.1 道路设施仿真 ·········· 113
7.3.2 控制措施仿真 ·········· 116

　　　　7.3.3　车辆仿真 ………………………………………………… 119
　　　　7.3.4　路边停车仿真 …………………………………………… 120
　　7.4　实验结果分析 …………………………………………………… 123
　　　　7.4.1　仿真数据采集 …………………………………………… 123
　　　　7.4.2　仿真数据分析 …………………………………………… 124
　　7.5　小结与思考 ……………………………………………………… 125

8 城市道路网络规划仿真实验 …………………………………………… 126
　　8.1　实验定位与目标 ………………………………………………… 126
　　8.2　实验情况与要求 ………………………………………………… 127
　　　　8.2.1　规划背景 ………………………………………………… 127
　　　　8.2.2　规划方案 ………………………………………………… 129
　　　　8.2.3　实验要求 ………………………………………………… 131
　　8.3　实验操作流程 …………………………………………………… 131
　　　　8.3.1　现状仿真 ………………………………………………… 131
　　　　8.3.2　规划方案仿真 …………………………………………… 133
　　8.4　实验结果分析 …………………………………………………… 135
　　　　8.4.1　规划方案分析 …………………………………………… 135
　　　　8.4.2　规划方案优化 …………………………………………… 137
　　8.5　小结与思考 ……………………………………………………… 140

9 城市交通系统优化仿真 ………………………………………………… 141
　　9.1　实验定位与目标 ………………………………………………… 141
　　9.2　实验背景与要求 ………………………………………………… 142
　　　　9.2.1　实验背景 ………………………………………………… 142
　　　　9.2.2　实验方案 ………………………………………………… 145
　　9.3　实验操作流程 …………………………………………………… 146
　　　　9.3.1　现状仿真 ………………………………………………… 146
　　　　9.3.2　优化方案仿真 …………………………………………… 147
　　9.4　实验结果分析 …………………………………………………… 149
　　　　9.4.1　定性分析 ………………………………………………… 149
　　　　9.4.2　定量分析 ………………………………………………… 151
　　　　9.4.3　方案优化 ………………………………………………… 152
　　9.5　小结与思考 ……………………………………………………… 152

10 综合交通系统一体化仿真 ··· 153

- 10.1 实验定位与目标 ··· 153
- 10.2 综合交通系统一体化仿真实验 ··· 153
  - 10.2.1 实验任务 ··· 154
  - 10.2.2 操作流程 ··· 154
  - 10.2.3 仿真分析 ··· 156
  - 10.2.4 实验总结 ··· 159
- 10.3 自动驾驶技术发展仿真实验 ··· 159
  - 10.3.1 实验任务 ··· 160
  - 10.3.2 操作流程 ··· 160
  - 10.3.3 仿真分析 ··· 161
  - 10.3.4 实验总结 ··· 162
- 10.4 新建高速铁路仿真实验 ··· 162
  - 10.4.1 实验任务 ··· 162
  - 10.4.2 操作流程 ··· 162
  - 10.4.3 仿真分析 ··· 164
  - 10.4.4 案例总结 ··· 164
- 10.5 小结与思考 ··· 165

11 智能网联交通流运行仿真 ··· 166

- 11.1 实验定位与目的 ··· 166
- 11.2 实验情况与要求 ··· 166
  - 11.2.1 实验背景 ··· 166
  - 11.2.2 实验要求 ··· 168
- 11.3 实验操作流程 ··· 168
  - 11.3.1 仿真基本原理 ··· 168
  - 11.3.2 实验操作流程 ··· 169
- 11.4 案例示范 ··· 172
  - 11.4.1 案例一：车辆队列编组生成 ··· 172
  - 11.4.2 案例二：通过C2X模块实现混合交通流车速动态调整 ··· 178
  - 11.4.3 实验结果分析 ··· 181
- 11.5 小结与思考 ··· 182

参考文献 ··· 183

1 交通仿真实验基础

第 1 章 PPT

1.1 仿真实验概述

交通仿真是计算机仿真技术在交通工程领域的一个重要应用,是通过仿真模型复现交通流时空变化的一种交通分析技术。交通仿真以相似原理、信息技术、系统工程和交通工程领域的基本理论和专业技术为基础,主要使用计算机工具,利用系统仿真模型来模拟道路交通系统的运行状态,采用数字方式或图形方式来描述动态交通系统,进而更好地分析、把握和控制交通系统。作为一种重要的交通分析方法,交通仿真不仅能模拟实际交通运行状况,还能预测未来交通运行情景。学界已充分认识到,交通仿真能够帮助决策者更全面地了解与分析交通系统的运行状况,以科学、经济和高效的方式制定交通规划和政策[1-3]。

第 1 章彩图

目前,交通仿真已经成为我国开展道路交通规划、交通组织优化等工作的重要支撑性技术。在交通规划领域,交通仿真已成为必要环节,用以分析规划交通需求并评价规划方案的效果。早在二十世纪九十年代,南京市第一轮综合交通规划就引入了交通仿真技术,对南京市未来近 30 年的规划方案进行了系统分析与反馈优化。2011 年 3 月,北京市公安局交通管理局组织实施了 330 个路口的交通仿真与组织优化工作,通过交通仿真比选出最优的组织方案,这是国内当时所实施的最大规模道路交通优化仿真应用项目。此外,各省市也在大力建设交通仿真分析平台,推动仿真资源的标准化与共享化。例如,深圳市城市交通规划设计研究中心股份有限公司和同济大学联合开发了深圳市城市交通仿真系统,进行了深圳机荷高速立体改扩建的仿真可视化[4];南京市城市与交通规划设计研究院搭建了南京市综合交通仿真决策支撑平台系统,对南京某路口改造方案进行交通仿真分析[5],为综合交通设施、发展战略、政策等提供仿真决策支撑[6]。

由于交通仿真的战略地位越来越重要,学术界与行业内也逐步投入力量,关注交通仿真技术的本地化与软件的自主化工作。"十一五"期间,科技部立项实施了北京奥运智能交通管理和服务综合系统项目,包括道路交通仿真系统、交通枢纽仿真系统、城市交通应急仿真系统等研发工作,并将相关技术成果应用到奥运交通的管理和服务中,取得了非常好的成效。2019年,科技部立项批复了国家重点研发计划"城市多模式交通网运行仿真系统平台开发"项目。该项目是纯交通仿真方向首个国家级重大科研项目,由东南大学牵头,联合同济大学、北京交通大学等优势单位共同承担。

经过多年的孵化与完善,一些具有完整自主知识产权的交通仿真软件脱颖而出。如东南大学王炜教授团队研发"交运之星-TranStar"(Transportation Network System's Traffic Analysis Software)和同济大学孙剑教授团队开发"TESS NG",已经成为国内颇具影响力及代表性的商业仿真软件,并开始逐步替代国外软件。图 1.1 和图 1.2 为交通仿真软件"交运之星-TranStar"

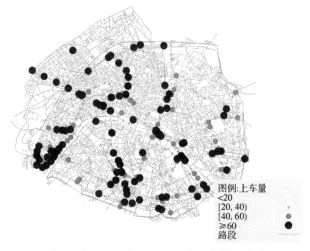

图 1.1 全域公交超级网络站点上车量仿真结果

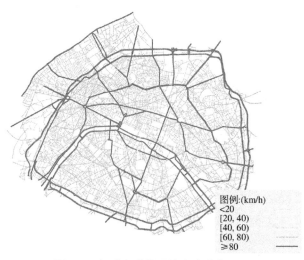

图 1.2 机动车路段平均车速分布

的仿真结果示例。图1.1展示了全域公交超级网络站点上车量,站点上车人数越多,图中的圈越大,颜色越深;图1.2展示了机动车路段的平均车速分布,图中线条最粗的为车速大于等于80 km/h的路段。

交通仿真技术不仅在工程应用与政府决策层面具有不可替代的作用,而且在学术领域也吸引着大量学者。理解和掌握交通仿真技术对交通领域的学术探索和工作实践均具有重要作用。在此背景下,本书在介绍国际主流微观仿真软件VISSIM和国内自主开发宏观仿真软件"交运之星-TranStar"的基础上,设计了8个交通仿真实验,将交通工程基本原理、理论方法与交通仿真技术相结合,提高读者应用交通仿真工具解决交通规划、设计与管控实际问题的能力。

本实验指导书的内容分为三大部分:第一部分为交通仿真实验过程梳理,包含实验前准备工作,实验的一般流程以及实验结果的整理。第二部分仿真操作介绍,分为"交运之星-TranStar"和VISSIM交通仿真软件的基础操作。第三部分为仿真实验实践,共有8个实验,分别为交叉口信号控制仿真、干线绿波控制仿真、公交专用道设置仿真、道路网设计仿真、城市交通规划方案仿真、城市交通政策方案仿真、综合交通系统优化仿真和智能网联交通流运行仿真。

1.2 交通仿真的特点和适用条件

由于克服了现场试验代价大、实施困难的缺点,交通仿真具有成为城市交通研究和工程实践平台的潜质。相比于现场试验,交通仿真兼具安全、科学、经济、易用、可重复、可控制和开放性等优点,特别是在交通系统需求预测、综合评估、交通能耗和环境影响分析等方面优势巨大。

但是,交通仿真在日常使用中较容易出现"失真"现象,即仿真结果无法真实展现交通系统的实际状态。交通仿真技术对模型及其参数有着很强的依赖性,考虑到仿真模型是对真实系统的简化和抽象,仿真建模的过程肯定会引起某种程度的"失真",这是系统仿真技术的固有缺陷。面对一些大规模复杂交通系统时,"失真"现象尤为凸显且无法忽视。

在借助交通仿真技术分析实际交通问题前,需要首先权衡该问题的特点和求解该问题所具备的条件,慎重考虑是否选用以及何时选用仿真技术,仔细对比各仿真工具和仿真模型的优缺点,标定符合现实条件的模型参数,并结合其他定性或定量的分析方法对仿真结果进行修正,才能对现实系统做出更为真实准确的"映射"。

一般而言,以下情况可优先考虑采用交通仿真开展分析与研究工作:

1)分析时间紧、空间规模大或者交通系统过于复杂,无法直接对问题进行数学建模或人工计算分析的;

2)采用数学/理论方法分析交通问题时,对分析的结果存在疑惑需要对比的;

3)需要可视化呈现分析结果的,以便更好地分析交通问题及其解决方案的;

4)一些无法在实地进行观测、研究、验证的交通现象,如交通事故影响分析、交通网络承载能力、城市交通系统整体性拥堵等。

1.3 仿真实验前的准备工作

在开展交通仿真前需要进行一系列准备工作,以确保仿真实验的过程顺利和结果可靠。一般而言,交通仿真的准备工作包括明确问题、确定目标、制定方案、创建实验文档、选择软件、准备计算资源等步骤,如图1.3仿真实验流程图的左侧所示。

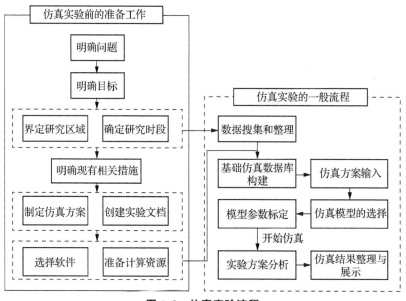

图1.3 仿真实验流程

① 步骤一:明确问题

对拟分析交通问题的背景进行详细梳理,明确所分析问题的空间尺度(微观、中观、宏观)和研究对象(机动车、公交车、非机动车、行人),确保该问题可以采用交通仿真技术进行分析。

② 步骤二：确定目标

仿真目标必须清晰、具体且可实现。一般而言，进行交通仿真实验有以下目标：分析交通参与者的交通行为、评价现状交通系统性能、评估交通相关方案优劣等。

③ 步骤三：界定研究区域

明确仿真的地理区域范围，可以是一个城市或某个区域的路网，也可以是特定的路段或交叉口。一般可重点关注路网中的瓶颈以及拥堵所形成排队的区域(作为核心区)，并适当扩大(作为影响区)。

④ 步骤四：确定研究时段

明确仿真时段能够更好地帮助搜集数据，根据对象的不同可以分为特定时间段(如早晚高峰、平峰)仿真、全天(工作日/周末)仿真、特殊日(国庆、春节等)仿真等。

⑤ 步骤五：明确现有相关措施

明确仿真区域在研究时间段内现有的交通管理策略和交通控制方案，以便针对性地制定具体的实验方案。

⑥ 步骤六：制定仿真方案

具体包括实验方案的假设、需要控制的变量、模拟的时间段、区域范围、交通控制策略、仿真的持续时间、仿真的评价指标、评价方法等。该步骤是正式开展仿真的重要基础。

⑦ 步骤七：创建实验文档

提前准备好空白的实验文档用于记录实验的所有细节，包括实验方案、数据来源与处理、模型参数和实验设计等，有助于后续分析和结果解释。

⑧ 步骤八：选择软件

结合各交通仿真软件特点，选择合适的软件进行实验。一般而言，微观交通仿真软件对交通系统要素及其行为的细节描述程度最高，多用于车辆、行人仿真；宏观交通仿真软件多关注交通系统整体，通常用于交通规划、交通政策或管控方案评估等。

⑨ 步骤九：准备计算资源

对于复杂的交通仿真模型、大时空规模的仿真实验，需要足够的计算资源(计算机性能和存储空间)来运行仿真，在正式进行仿真实验前要确保计算资源符合需求。

1.4 仿真实验一般流程

在完成以上仿真前的准备工作后，就可以正式开展仿真实验了。仿真实验的基本流程大致可分为数据搜集和整理、基础仿真数据库构建、仿真方案输入、仿真模型的选择、模型参数标定、开始仿真实验、实验方案分析、仿真结果整理与展示 8 个步骤,如图 1.3 仿真实验流程图的右侧所示。

① 步骤一:数据搜集和整理

根据研究范围与目标,搜集与实验相关的数据。交通仿真所需要的基础数据包括研究区域的道路设施数据、交通设施数据、地理边界数据、土地利用数据以及人口数据。道路设施数据包括道路的几何形状、道路等级、道路连接关系、道路长度、道路宽度、交叉口类型和渠化情况、车道分类情况等信息,是构建路网模型的基础;交通设施数据包含信号控制设施、公交/枢纽站设施等信息;地理边界数据用于定义仿真模型的地理范围,包括城市边界、行政区划边界、区域边界等信息;土地利用数据主要为土地的面积及类型;人口数据则包含不同地区的人口时空分布和特征等信息。

宏观交通仿真侧重交通系统演化,通常以聚合的方式考虑流量,因此路段平均车速、密度、流量,以及路网的拓扑结构等数据对宏观交通仿真来说更重要。此外,研究区域的用地人口、行政与产业等数据也非常必要。相比于宏观交通仿真,微观交通仿真需要更加详细的交通参与者数据,如车辆速度、加速度、转弯半径、行人行走速度、行为模式等,以及更高精度的地理数据和更精细的交通信号控制模型。

② 步骤二:基础仿真数据库构建

将步骤一采集得到的数据处理后输入仿真软件,搭建基础数据库,为后续的仿真分析提供数据服务。仿真基础数据库的构建需要关注数据标准、接口与数据安全。由于不同的仿真软件对数据的要求各不相同,因此在进行数据处理时,需要仔细查阅相关的文档资料,遵循统一的标准规定。仿真软件通常内置有接口功能,在构建数据库的过程中,可以充分利用这一接口功能,以降低数据库构建的难度和复杂性。安全是指在数据存储和处理过程中,确保其不被非法窃取,特别是涉及设计机密和隐私的数据。为此,需要采取相应的安全措施,保护数据的完整性和机密性。

③ 步骤三:仿真方案输入

根据仿真方案的目标,结合仿真软件的操作特性,将方案内容转化为数字形式,以实现对方案的仿真模拟。例如,在交叉口信号控制和干线绿波控制仿真中,需要将信号控制方案输入仿真软件。在公交专用道设置仿真中,需要在仿真软件中构建数字化的公交专用道模型。有些方案在仿真软件中已经有现成的功能模块,因此输入起来相对容易。然而,有些方案较为复杂,或者仿真软件中没有现成的功能模块,这时就需要根据软件的特性和方案的实际情况,进行相应的组合或转换。

④ 步骤四:仿真模型的选择

首先应该确定仿真模型的尺度。类似于仿真软件的选择,从仿真尺度上看,仿真模型可以分为宏观仿真模型和微观仿真模型,一般需要根据仿真方案的空间尺度和研究对象选择。随后确定具体的仿真模型,选择时应结合仿真方案,对比不同模型的优缺点;模型的输入数据需求是否与采集的数据特征一致,是否有模型要求但无法获取的数据;模型需要标定的参数是否能够接受,模型的精度是否符合要求;模型输出的指标是否能够用于方案分析。若仿真实验或方案没有特殊要求,一般可以直接使用仿真软件中的默认模型。表1.1、表1.2中列举了常见的宏观和微观仿真模型。

表1.1 常见的微观仿真模型[1-2]

模型类型	主要模型
跟车模型	刺激-反应跟车模型、安全距离跟车模型、心理-生理学模型、元胞自动机模型、自适应巡航控制(ACC)、协同自适应巡航控制(CACC)等
换道模型	智能体换道模型、神经网络换道模型、元胞自动机换道模型、基于模糊逻辑的换道模型等
路径选择模型	随机路径选择模型、纳什均衡模型、社交力模型、出行者行为模型等

表1.2 常见的宏观仿真模型[1-2]

模型类型	主要模型
网络特征模型	空间特征:金字塔模型、点弧模型 节点特征:通行能力模型、延误与排队长度模型 路段特征:通行能力模型、速度模型、阻抗模型 系统特征:等级配置模型、连通性模型、最短路模型
需求分析模型	交通生成:原单位模型、增长率模型、Logit模型 交通分布:增长系数模型、重力模型、熵模型 方式划分:转移曲线模型、交叉分类模型、Logit模型
交通分配模型	均衡分配:最短路-网络均衡、多路径-网络均衡、连续平均 非均衡分配:最短路、多路径、最短路-增量加载、多路径-增量加载
公交分析模型	网络客流分配:基于频率客流分配、基于时刻表客流分配 线网布局与运营规划:单目标规划模型、多目标规划模型
系统评价模型	居民出行效率评价、路网运行效率评价、公交运行效率评价、环境影响与能源消耗评价、交通系统经济性能评价

⑤ 步骤五:模型参数标定

仿真模型参数的准确性是决定仿真结果的最重要影响因素。一般而言,仿真模型的待标定参数分为两类,一类是确定性参数,另一类是优化类参数。

确定性参数可以通过实地观测或文献调研获取,取值一般是公认或确定的,如道路几何形状、车道数和交叉口类型等用于建立基础路网的参数,天气数据以及瓶颈数据等反映交通运行条件的数据。仿真系统运行控制参数可以通过软件用户指南获取确定值,也属于确定性参数,这类参数的获取过程就是其标定的过程,无需对其进行估计或迭代。

优化类参数需要对参数进行计算和优化,往往涉及参数的估计和迭代,通过减小模型的结果与实际值之间的误差得到最优的参数取值。例如,单位时间车辆的到达数、车辆速度、行人速度等。仿真实验人员在对这类参数进行优化时,需要获取足够的样本数据,进行大量反复的计算和验证,保证参数的最终取值能够符合现实系统的逻辑。优化类参数的标定流程如图1.4所示。

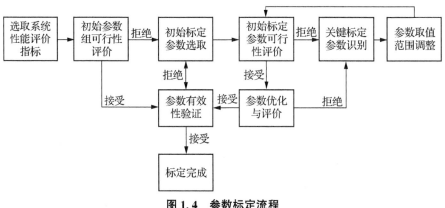

图1.4 参数标定流程

⑥ 步骤六:开始仿真实验

根据交通仿真实验任务,在构建好的仿真数据库及输入的仿真方案基础上,完成模型选择与参数标定工作,形成定制化的仿真模型。根据实验需要,在选定仿真运行的次数和基本设置后,运行仿真实验。

⑦ 步骤七:实验方案分析

仿真实验方案分析的核心工作是选择合适的交通系统性能评价指标。一般常选取道路服务水平、旅行时间、延误、密度、排队长度等作为评价指标,也可以选择油耗和尾气排放等环境指标,以及事故数量、事故率、事故严重程度等交通安全等专项评价指标。

若交通仿真实验方案是针对未来交通系统,建议增加对实验方案的敏感性分析,以确定实验方案是否能适应未来发展需要。常见敏感性分析包括交通需求敏感性分析、几何设计敏感性分析、管控策略敏感性分析、交通安全敏感性分析。

⑧ 步骤八:仿真结果整理与展示

仿真实验的最终步骤是对结果进行整理和展示,目的是更有效地展示仿真结果。常见的结果整理和展示方式包括数据表格、示意图和仿真动画。数据表格可以直观地对比不同仿真方案的性能指标，便于分析和比较。示意图以静态图像的形式展示仿真的关键评价结果，以及评价指标随时间的变化趋势，有助于直观地理解仿真过程和结果。仿真动画则提供了一种最直观且动态的展示方式，可以生动地呈现仿真结果，并与实际交通系统的运行状况进行形象的对比，增强了仿真结果的可理解性和说服力。

考虑到仿真结果展示对象的不同，对于结果的整理也需要有一定的差异与侧重。对于非交通专业人员，展示的内容应该要形象直观，可以减少甚至忽略对模型方法的介绍，侧重于展示容易理解的交通系统性能的评价指标和解决的效果，帮助目标受众评估实验方案的优劣。对于管理人员还应当从专业角度提供更多的信息，如各实验方案的实践难易程度等，帮助决策者做出选择。而对于技术审查人员，还需要为其提供更加详细的数据、仿真模型、仿真输出结果分析，便于技术审查人员独立分析并验证交通仿真的结果。

1.5 交通仿真软件的二次开发

二次开发是在现有软件基础上进行修改、扩展或定制，以满足特定使用需求或改进现有功能的过程。类似的，交通仿真软件的二次开发就是通过外部程序实现对仿真程序/数据的直接访问以及与底层核心模型的交互，从而达到拓展仿真功能的目的。

成熟的交通仿真软件在设计时就考虑了使用者的绝大部分需求，能够满足大部分共性的交通分析业务需求。但在实际应用中，往往会面临各种复杂的交通场景，需要根据需求对软件进行二次开发，包括对软件未定义的设施/管理措施进行建模分析，实现复杂的控制逻辑，实现自动化的模型校正流程等。例如，使用 VISSIM 仿真软件对智能网联环境下的车辆跟驰算法进行分析，或使用"交运之星-TranStar"仿真软件基于电子车牌数据进行OD(Origin-Destination)分析与交通分配，均需要进行一定程度的二次开发。

二次开发的流程包括需求分析、规划设计、开发实施、集成测试、部署运行和反馈优化等步骤。在具体的开发过程中，最好直接使用仿真软件提供的二次开发接口进行开发工作，在不危害核心源代码/数据库的基础上增加新功能。不同的仿真软件所提供的二次开发接口各有不同，常见的有串行通信接口(Component Object Model, COM)、动态链接库接口(Dynamic Link Library, DLL)、地理信息系统开发工具接口(Geographic Information System Developer's kit, GISDK)。在具体开发时，应参阅交通仿真软件的开发技术文档和实例，了解其原生支持的编程语言、开发环境及接口函数定义等内容。

1.6　小结与思考

本章对交通仿真实验进行了简单介绍,包括交通仿真的概念、特点和适用条件,以及仿真实验前的准备工作和仿真实验的一般流程,重点梳理了仿真模型选择与模型参数标定过程,最后简单介绍了交通仿真软件的二次开发。

请根据本章的内容,思考以下问题:

1) 简述适用交通仿真进行交通分析的场景。
2) 国内的交通仿真软件有哪些?
3) 交通仿真的核心模型有哪些?
4) 简述微观交通仿真与宏观交通仿真的不同点。
5) 简述仿真模型的参数分类,并描述其标定过程。

参考文献

[1] 任刚,华雪东,张国强,等. 交通仿真[M]. 北京:人民交通出版社股份有限公司,2023.

[2] 郭敏,杜怡曼,吴建平. 微观交通仿真基础理论及应用实例[M]. 北京:人民交通出版社,2012.

[3] 毛保华,杨肇夏,陈海波. 道路交通仿真技术与系统研究[J]. 北方交通大学学报,2002(5):37-46.

[4] 丘建栋. 高强度交通走廊双层立体扩容设计优化仿真技术[EB/OL].(2022-05-22)[2023-11-24]. https://mp.weixin.qq.com/s/dM9azXTvTpFRbKBmrDsHHA.

[5] 王茸. 机动车将破300万辆,南京道路如何保畅?[EB/OL].(2021-07-13)[2023-11-24]. https://mp.weixin.qq.com/s/BExjGv3sqKn snQl_3KCnHg.

[6] 大数据中心. 南京市综合交通仿真决策支撑平台系统[EB/OL]. (2018-08-31)[2023-11-24]. https://mp.weixin.qq.com/s/P98q2g9t8zUFVGdFvOMOCw.

2 "交运之星-TranStar"仿真操作

第 2 章 PPT

"交运之星-TranStar"是一款集城市开发分析、交通规划分析、交通管控分析、交通政策分析、公共交通分析等功能于一体的城市综合交通系统集成分析与仿真平台软件。

第 2 章彩图

本章具体介绍了"交运之星-TranStar"主要操作方法及流程,包括仿真数据库构建、方案图形编辑操作、分析功能选择与设置、仿真结果查看,最后以一个实验案例进行流程化的操作演示,如图 2.1 和图 2.2 所示。

图 2.1 "交运之星-TranStar"城市交通版主页面

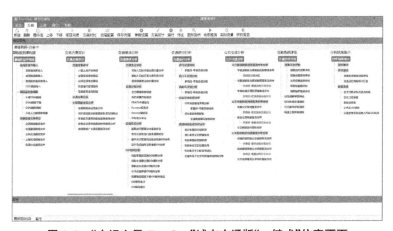

图 2.2 "交运之星-TranStar"城市交通版"一键式"仿真页面

2.1 仿真数据库构建

构建基础数据库是进行交通需求分析与预测工作的基础。"交运之星-TranStar"可实现城市基础路网、交通管理措施与OD等数据的新建与导入,包含"新建基础数据库""基础数据库导入""关键数据文件审定"等功能。

2.1.1 基础数据库导入

"交运之星-TranStar"支持将已有的各类常见交通仿真相关的数据库和数据文件的导入操作,包含"已有数据库导入""单项数据库导入""其他软件数据库导入""CAD数据导入"4种方式,如图2.3(a)所示。

1) 已有数据库导入

如已有"交运之星-TranStar"基础数据库,在"基础数据库导入"中,右键点击"已有数据库导入",点击"导入"。随后页面弹出"选择数据库目录"对话框,选择已有数据库文件夹。最后,页面弹出"数据库导入完成"提示,表示数据库导入成功。

2) 单项数据库导入

在"基础数据库导入"中,右键点击"单项数据库导入",在弹出的菜单中选择"导入道路网络""导入管理措施"或"导入OD数据",右键点击需要导入的功能选项,如图2.3(a)所示。随后弹出"选择文件夹"对话框,选择相应的单项数据库文件夹进行导入,如图2.3(b)所示。

(a) 单项数据库导入

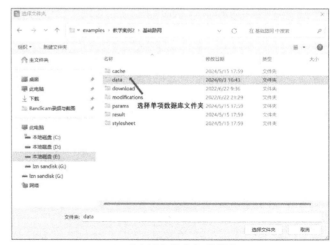

(b) "选择文件夹"对话框

图2.3 单项数据库导入操作

3) 其他软件数据库导入

"交运之星-TranStar"软件支持 Visum、TransCAD、EMME2、Cube 以及其他交通仿真软件数据库的导入,可在"基础数据库导入"中,双击"其他软件数据库导入"来实现。软件随后弹出"转换向导 1/4"对话框,如图 2.4 所示。可根据已有文件选择转换类型,并根据引导完成对应的后续操作。

4) CAD 数据导入

除了以上数据库导入方式外,"交运之星-TranStar"软件还支持 CAD 数据导入。首先在"基础数据库导入"中,双击"CAD 数据导入",随后弹出"CAD 转换器"页面,可以通过点击页面的按钮完成 CAD 数据导入,如图 2.5 所示。

图 2.4 转换数据类型向导

图 2.5 导入 CAD 文件

2.1.2 新建基础数据库

"交运之星-TranStar"软件提供了新建基础数据库的功能,可以利用开源地图网站下载数据,并提供可选精度的解析功能,包括"千城 OSM 路网""OSM 路网构建""OSM 路网解析""小区人口数据库构建"等模块。

1) OSM 路网构建

在"新建基础数据库"中,选择"OSM 路网下载",右键点击"导入",跳转至"TranStar 地图解析与网络构建"平台页面,如图 2.6 所示,软件可解析一系列地图数据,并生成 TranStar 路网。

在下载完成 OSM 地图数据后,需要将 OSM 地图解析成"交运之星-TranStar"软件可以读取的路网基础数据库文件。右键选择"OSM 路网解析",点击"导入",同样跳转至"TranStar 地图解析与网络构建"平台页面,选择菜单栏上方的"网络构建"选项。解析区域一般选中"默认区域"选项。同时,可以根据自身需求,选择解析精度。点击"开始解析",下方显示下载和解析进程,如图 2.7 所示。

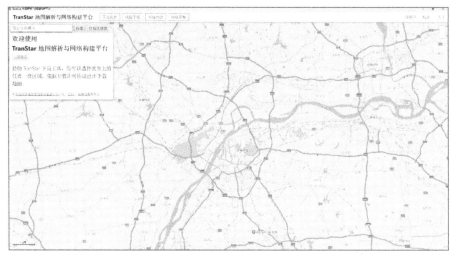

图 2.6 "TranStar 地图解析与网络构建"平台

图 2.7 OSM 路网解析过程

2) 小区人口数据库构建

点击"图形编辑"界面工具栏中的"划分交通小区",如图 2.8 所示,跳转至"交通小区及区内人口生成"窗口,如图 2.9 所示,其操作分为获取人口数据、生成核心区、选择交通小区划分面积标准三部分。

图 2.8 "图形编辑"界面工具栏

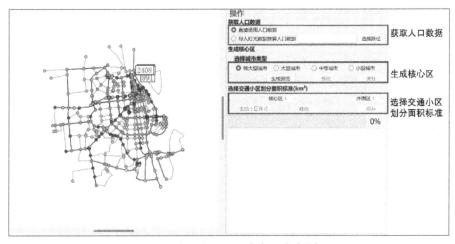

图 2.9 "交通小区及区内人口生成"窗口

"获取人口数据"可以选择两类不同的输入数据用于人口估计,即"直接使用人口数据"或者"导入灯光数据推算人口数据",分别代表选择对应区域的常住人口或者灯光强度数据作为该区域的人口数据。

"生成核心区"需要选择待分析的城市类型,包括特大型城市、大型城市、中等城市或小型城市。在选择了城市类型后,点击"生成预览"。

程序运行结束后,可在"交通小区及区内人口生成"界面左侧窗口看到自动生成的城市核心区域,如图 2.10 所示。点击"选择城市类型"下方的"修改"来调整核心区域范围,修改完成之后需要点击"保存"。

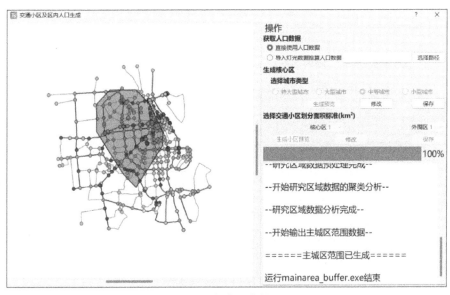

图 2.10 自动生成核心区

在选择划分面积标准时,需要考虑核心区和外围区的不同进行差异化设置。如图 2.11 所示,图中设置表示在城市核心区的小区划分一般为 1 km², 而外围区的小区面积至少为 2 km²。最后,点击下方"生成小区预览"从而执行小区划分程序。程序运行结束之后,可以在"交通小区及区内人口生成"界面左侧窗口看到自动生成的交通小区,如图 2.11 所示。可以点击"选择交通小区划分面积标准"下方的"修改"来调整交通小区,修改完成之后需要点击"保存"。

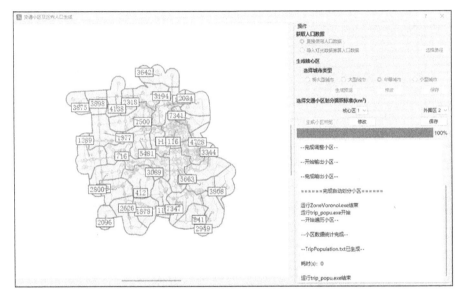

图 2.11 自动生成交通小区

2.2 仿真方案图形编辑

点击菜单栏"方案—方案设计",进入"交运之星-TranStar"图形编辑系统页面,如图 2.12 所示。

图 2.12 菜单栏

如图 2.13 所示,图形编辑系统主要由三部分组成:图层管理窗口、图形显示窗口和快速查看窗口。图层管理窗口:控制当前的交互模式,切换焦点层,控制图层是否显示。图形显示窗口:显示图形和图元交互,执行选择、缩放、拖动等基本操作。快速查看窗口:显示所选图元基本属性信息。

图 2.13 图形编辑系统界面

2.2.1 图层操作

1) 图层可见性设置

在图层管理窗口中,如图 2.14 所示,可在"显示"列表中勾选相应图层来控制各图层是否可见。

(a) 图层管理窗口　　　　(b) 图层显示窗口显示

图 2.14 图层可见性设置

2) 图元信息查看

将交互模式切换到"选择"模式,选择需要显示的图层,将焦点切换到需要查看图元的图层上,快速查看窗口会显示图元的基本属性信息,如图 2.15 所示。

图 2.15　快速查看窗口显示图元信息

2.2.2　图元编辑

"交运之星-TranStar"仿真软件提供了强大的编辑功能和直观的交互界面,可以编辑包括底图、节点、路段、公交线路、公交站点、交通小区和区域管理在内的多种图元。

1) 图元增加

由于不同图元增加的操作相似,此处以新建路段为例来说明操作步骤:

(1) 将焦点图层切换为路段层,将交互模式切换为"添加"模式。

(2) 从路段起始节点双击开始,结合路段走向变化依次单击生成拓扑点,在结束节点双击结束,即可弹出"新建路段"对话框,如图 2.16 所示。

(3) 设置基本的道路类型、机动车道宽度、机动车道数、非机动车道宽度、道路名称等,还可以勾选"同时创建对向路段",完成双向道路的新建。考虑到交通网络路段的完整性与唯一性,新建路段不允许起点和终点相同,并且选择的起点和终点不能和已有路段完全一致。

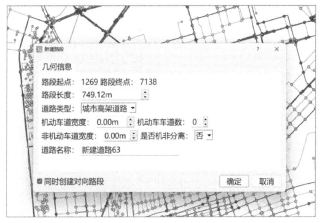

图 2.16　新建路段

2) 图元删除

以删除路段为例来说明操作步骤：

(1) 将焦点图层切换为"路段"，将交互模式切换为"选择"模式。

(2) 单选某条路段或框选多条路段(可以按住"Ctrl"进行补充选择)，右键点击选中路段，选择"删除"(或按"Delete"键)，即可删除该路段，如图 2.17 所示。需要注意的是，与被删除道路连接的孤立节点也会同时被删除。

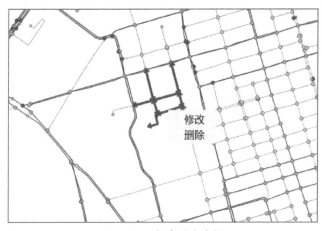

图 2.17　多选删除路段

3) 修改属性

以修改节点属性为例来说明操作步骤：

(1) 将焦点切换为节点层，并将交互模式切换为"选择"模式。

(2) 找到待修改的节点，双击该节点(或右键后单击"编辑"菜单)后会弹出"节点编辑"的对话框，如图 2.18 所示。

(3) 在对话框的菜单栏中有几何信息、转向限制、停车属性、渠化方案和信号控制5个可修改的属性,完成编辑后,单击"确定"按钮,图形会根据编辑后的信息更新显示样式。

此外,需要说明的是,如果同时选择多个节点,右键菜单后选择"修改",即可弹出图层属性表的对话框,可以对属性分别进行批量修改,如图2.19所示。

图2.18 节点编辑对话框　　　　图2.19 图层属性表

4) 修改形状

(1) 底图纠偏

通过底图纠偏工具,可以对插入的底图进行平移和旋转,实现底图微调。步骤如下:选择"底图层",并将交互模式调整为"选择"模式。如图2.20所示,在工具栏中设置平移单位,通过"上移""下移""左移""右移"工具调整底图的位置;在工具栏中设置旋转单位,通过"顺时针旋转"和"逆时针旋转"调整底图的角度。

图2.20 底图纠偏工具栏

(2) 公交线路的延长与缩短

① 将焦点图层切换为"公交层",将交互模式切换为"选择"模式。

② 在图形显示窗口中,双击选择待修改的公交线路,在弹出的公交线路选择窗口中,单击选择公交线路。

③ 再次右键单击选择待修改的公交线路,在弹出的菜单栏中单击对应的"延长线路"或"缩短线路",如图2.21所示。

图2.21 修改线路操作

④ 从现有公交线路的起点或终点开始绘制,绘制延长的公交线路或缩短的公交线路。弹出的"编辑公交线路"窗口会显示修改后的公交线路基本信息,如图 2.22 和图 2.23 所示。

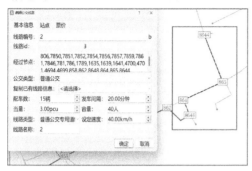

图 2.22　延长公交线路　　　　　图 2.23　缩短公交线路

(3) 公交线路局部超级网络构建

"交运之星-TranStar"可基于超级网络对公交网络进行转换,便于后续分析。在工具栏上单击图 2.24 中的"局部公交网络构建",将会弹出如图 2.25 所示的窗口,该窗口由预览窗口、全域公交线路表和局部公交线路表构成。

图 2.24　局部公交(超级)网络构建按钮

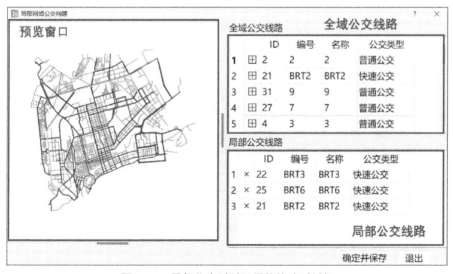

图 2.25　局部公交(超级)网络构建对话框

全域公交线路表展示了路网中的所有公交线路。通过单击公交线路对应行头的"十"按钮,将其添加进局部超级网络中。局部公交线路表展示了被设计为局部超级网络的公交线路信息,同时预览窗口中将即时展示这些公交线路的具体位置。通过单击行头的"×"按钮,将该行的公交线路从局部超级网络中去除。

(4) 交通小区形状的修改

交通小区的形状修改涉及小区的形状编辑、交通小区的拆分以及交通小区的合并三种操作,操作步骤如下:

① 选择交通小区图层,将交互模式调整为"选择"模式。在图形编辑窗口单击选择要进行操作的小区,选中的小区边界会以棕色显示,如图 2.26 所示。

② 在选中的小区范围内右键单击,在弹出的菜单栏中选择对应的操作,如图 2.27 示,通过选择不同的操作命令,进入不同的操作界面。需要注意的是,交通小区的合并需要同时选中多个交通小区(按住"Ctrl"键实现)。

图 2.26　选中交通小区

图 2.27　修改交通小区

③ 在调整交通小区形状时,选择"调整形状",交通小区的边界点将以白色圆圈的形式显示,按住鼠标左键拖动小区边界点,可以修改小区边界。在小区边界线上双击,可以添加小区边界点,如图 2.28 所示。

④ 在拆分小区时,选择"拆分"命令,双击确定拆分边界的起点,单击绘制拆分边界,最后双击确定拆分边界的终点,如图 2.29 所示。

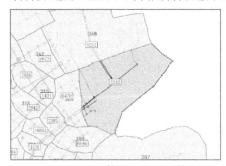

图 2.28　调整交通小区形状

图 2.29　拆分交通小区

2.2.3 其他

在"图形编辑"界面上方工具栏中还有一些快捷工具键,如图 2.30 所示,方框从左至右依次是搜索、小区自动划分、截图、属性表、坐标转换、OSM 底图、测距、删除孤立节点以及区域优先级设置,以下将详细介绍按钮的操作方法:

图 2.30 图形编辑工具栏说明

1) 搜索

点击"搜索"后弹出"搜索"窗口,按照查找条件对节点或路段进行查找,双击查询结果可快速锁定目标,如图 2.31 和图 2.32 所示。

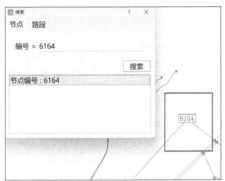

图 2.31 节点搜索　　　　图 2.32 路段搜索

2) 截图

点击"截图"后,用鼠标左键进行框选范围,并单击"√"进行图片文件的保存,如图 2.33 所示。

图 2.33 屏幕截取

3）坐标转换

通过"坐标转换"工具可以实现 UTM 投影、墨卡托投影、西安 80 坐标系、百度坐标之间的转换。单击工具栏中"坐标转换"工具按钮,在编辑截面中选择源坐标类型和目标坐标类型,单击"确认"等待坐标转换完成,如图 2.34 所示。

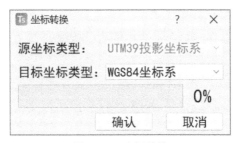

图 2.34 坐标转换

4）测量

点击"测量"后,可在弹出的对话框中可选择对长度或面积进行测量,通过单击鼠标左键放置测量点,从而构成线段或围成一片区域,对话框中显示线段长度或区域面积,如图 2.35 和图 2.36 所示。

图 2.35 长度测量   图 2.36 面积测量

5）删除孤立节点

点击"删除孤立节点"后,则会弹出删除节点的数量(不存在孤立节点时则无任何反应),如图 2.37 所示。

图 2.37 孤立节点删除结果

6）区域优先级设置

不同区域通常具有不同的优先级，"交运之星-TranStar"软件中在工具栏提供了设置区域优先级的方法：将图层切换为"区域"，点击"设置区域优先级"后会弹出"设置区域优先级"对话框，如图 2.38 所示，设置完成后点击"确定"。

图 2.38　设置优先级对话框

2.3　分析功能选择与设置

"交运之星-TranStar"可以提供面向不同业务的城市综合交通集成分析与仿真流程，软件集成了方案设计、交通需求分析、交通运行分析、公共交通分析、综合交通评估等五大仿真分析模块。

2.3.1　分析功能

1）交通方案设计

交通方案设计主要是对方案的网络特征进行设计、预览以及特征分析，包括交通方案设计、交通方案总览和方案网络特征分析等主要功能。交通方案设计用于人机交互设计待分析的交通系统，通过双击"交通方案设计"，可以直接进入"交运之星-TranStar"软件的图形编辑界面。交通方案总览用于对操作进行全记录，可以便捷地知晓该方案相比基础方案，在节点、路段、小区、公交线路等方面发生了哪些变化。方案网络特征分析可以输出当前交通网络的交通阻抗信息。"交运之星-TranStar"软件支持多模式交通网络最短距离矩阵分析、多模式交通网络最短时间矩阵分析和交通网络广义最短路矩阵分析三种分析方法。

2）交通需求分析

交通需求分析主要覆盖四阶段法的前三个步骤，包括交通生成分析、交通分布分析、交通方式分析、OD 矩阵分析等主要功能。交通生成分析提供了多种出行生成量预测模型。软件支持常住人口出行发生吸引量预测、流动人口出行发生吸引量预测和货物运输发生吸引量预测，以满足不同分析需求。交通分布分析可以得到全方式的出行 OD 矩阵。软件支持双约束重力模型法、FRATAR 模型法、Furness 模型法、Detroit 模型法等多种分析方法。交通方式分析对应于四阶段法的方式划分阶段,用于确定各交通方式的分担率,并获取分方式的 OD 矩阵。软件主要采用了基于方式优势出行距离/运距的方式划分模型进行交通方式分析。OD 矩阵分析主要提供了对 OD 矩阵的转换、修正、合并以及拆分等,包括机动车客运交通 OD 矩阵分析和机动车货运交通 OD 矩阵分析等。

3) 交通运行分析

交通运行分析对应于四阶段法的交通分配阶段,可以对步行交通、自行车交通、机动车交通进行交通分配,以获取交通网络的流量、负荷等状况。对任一交通方式进行交通分配时,方法可自行选择。其中,步行、自行车交通分配推荐选择基于最短路或多路径的单次交通分配方法,机动车交通分配推荐优先选择多路径—增量加载或多路径—网络平衡交通分配方法。道路网络交通负荷分析是基于交通分配的结果对路网运行状况进行综合评估,包括评价交叉口机动车交通负荷和路段机动车交通负荷等。

4) 公共交通分析

公共交通分析包括公交基础网及愿望客流分布分析、公交线路网及网络客流分布分析和公交超级网及线路客流分布分析等主要功能。公交基础网及愿望客流分布分析指将公交客流直接分配到道路网络上,以确定城市主要公交走廊,适用于未确定具体走向的公交系统总体规划阶段。公交线路网及网络客流分布分析指将公交客流分配到公交线网上,以此确定每条公交线路的客流需求,适用于公交线路走向已知的规划和分析阶段。公交超级网及线路客流分布分析基于超级网络理论,首先将公交网络转化为局部或全域超级网络,然后进行超级网络的公交线路客流分析,以实现考虑公交站点换乘的公交线路断面客流、站点上下客流、换乘次数等主要特征指标分析,适用于已知公交线路走向和站点信息的公交规划和管理阶段。

5) 交通系统评估

交通系统评估是对形成的仿真方案进行定量评价,为交通决策者与交通工程师提供评价,包括居民出行效率评价、道路交通系统评价、公共交通系统评价、环境与能耗评价、城市经济性能评价等交通系统综合评价,以及交通减碳专项评估、城市体检、公交都市评价、畅通工程评价等专项评价。

2.3.2 分析功能设置

1) 分析操作流程

以交通需求分析中的交通分布分析为例简述操作流程。在"交通需求分析—交通分布分析"中选用计算模型，如"双约束重力模型"等，右键点击"交通分布分析"，跳转出系统配置页面，如图 2.39 所示。

首先，需要进行模型的参数标定，选中"重力模型参数标定"，确定并双击运行，"交运之星-TranStar"将运行"双约束重力模型参数标定"程序，完成模型参数标定。随后，通过选中"双约束重力模型法"并双击运行，完成交通分布分析功能运行。

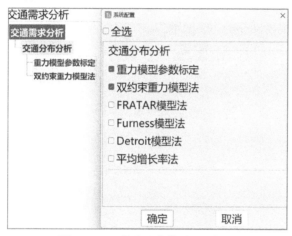

图 2.39 双约束重力模型配置操作

2) 参数设置

在进行分析操作前，一般还需要点击"方案"页面上方"参数设置"，对分析方法进行参数核对与确定。涉及待设置参数的分析功能主要包括方案设置、网络特征分析、交通生成分析、交通分配等。以"双约束重力模型参数标定"为例，需设定双约束重力模型的参数初始值、终止值、迭代步长等，如图 2.40 所示。

图 2.40 参数设置

3) 方案对比分析

为了方便进行不同方案之间的对比,获取方案在交通流量、速度、饱和度等指标上的数值差异,软件提供了方案比较功能。可在"方案"页面点击"方案对比",并选择需要对比的方案。对比的展示形式包括图形比较与报告比较。

2.4　仿真结果查看

仿真结果查看模块提供了多维度的结果展示功能,主要包括可视化图形展示、结构化研究报告、数据表格三种形式,如图 2.41 所示。

图 2.41　分析结果展示

2.4.1　可视化图形展示

在"分析结果展示"中,双击或右键点击"图形展示",即可打开图形展示界面,如图 2.42 所示。图形展示界面左侧为可选图层,右侧为图形展示区域。

图形展示区域上方工具栏提供了 7 项有关图形展示的功能,如图 2.43 所示。以样式配置为例,点击"样式配置",在弹出的窗口中可以调整样式配置。

1) 基本信息

可修改内容包括图形标题、图例标题、图例和标题样式(字体、颜色、字号、加粗、倾斜)的样式,如图 2.44 所示。

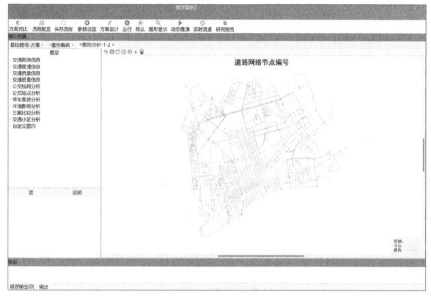

图 2.42　图形展示界面与可选图层类型

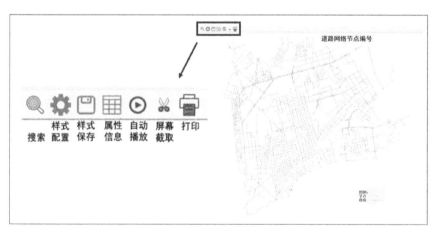

图 2.43　图形展示界面功能

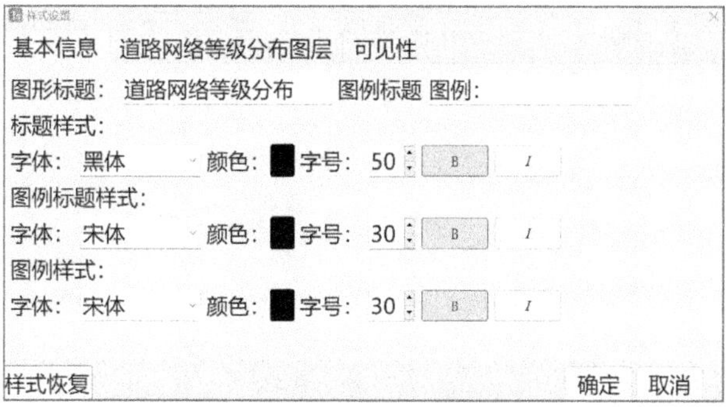

图 2.44　样式配置基本信息修改

2) 道路网路等级分布图层

道路网路等级分布图层提供的修改内容包括不同类型道路宽度大小、Z值、颜色。该图层还提供了预览样式的功能，如图 2.45(a)所示。

3) 可见性

道路可根据不同类别道路选择是否显示，如图 2.45(b)所示。

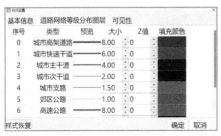

(a) 道路网路等级分布图层设置页面　　(b) 道路网路可见性设置页面

图 2.45　分析结果数据表格

2.4.2 结构化研究报告

在"分析结果展示"中右键点击"研究报告"，弹出对话框中选择"展示报告"，即可进入"研究报告"界面。研究报告包含交通系统整体功能评估和交通指标统计汇总两部分，如图 2.46 所示。

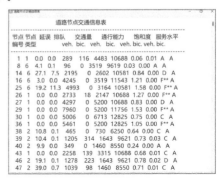

(a) 道路路段交通信息表　　(b) 道路节点交通信息表

(c) 网络交通信息汇总表　　(d) 系统整体功能评估报告

图 2.46　分析结果展示报告

2.4.3 数据表格

在"分析结果展示"中右键点击"研究报告",在弹出的对话框中选择"数据表格",即可进入"数据表格"界面。数据表格具体包括交叉口机动车流量流向表、交叉口信息表、路段信息表、小汽车OD矩阵数据等内容,如图2.47所示。

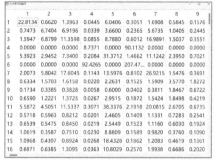

(a) 交叉口机动车流量流向表　　(b) 交叉口信息表

(c) 路段信息表　　(d) 小汽车OD矩阵

图2.47　分析结果数据表格

2.5 案例分析

本节基于某城市的实际案例,以新增公交线路为例展示仿真操作与分析。

2.5.1 方案建立

1) 新方案建立

在软件主界面的项目管理处选择新建项目,输入项目名称并确定项目路径,点击下一步进入方案界面,输入方案名称、方案类型,点击确定即可完成案例项目构建,如图2.48所示。

2) 基础路网导入

在完成案例方案新建后进入主界面,右键点击"基础数据库构建"并选择配置,勾选"基础数据库导入—已有数据库导入",如图2.49所示。

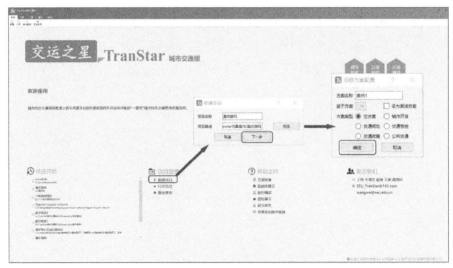

图 2.48 案例路网项目新建流程

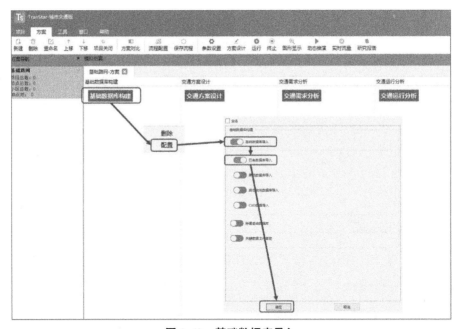

图 2.49 基础数据库导入

2.5.2 仿真方案编辑

完成路网数据库导入后,点击菜单栏"方案—方案设计"进入"图形编辑"界面,并在案例路网中添加一条公交线路。具体操作如下:首先需将图层切换为"公交层",并将交互模式设置为"添加",通过连接相应节点实现公交线路的新建,如图 2.50 所示。完成整个案例路网的公交线路新建后,线路网如图 2.51 所示。

图 2.50　图形编辑界面可视化新建公交线路

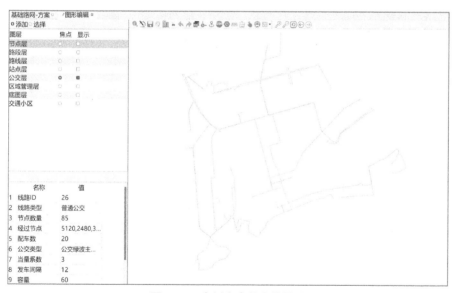

图 2.51　案例方案公交线网图

2.5.3　分析功能设置

1) 分析功能选择

由于新增了公共交通线路,会导致出行需求的变化。基于此,本案例选择的分析功能模块包括了"交通需求分析""交通运行分析""公共交通分析"等绝大多数分析模块,具体功能配置内容如图 2.52 所示。

图 2.52　案例方案模块配置

2) 参数设置

在参数设置时，需根据当地的居民出行特征与道路运行情况，对交通网络综合运能分析、交通分布分析、交通分配及综合交通方案评估的模型参数进行标定。若缺乏相应参数数据时可采用系统默认值，如图 2.53 所示。

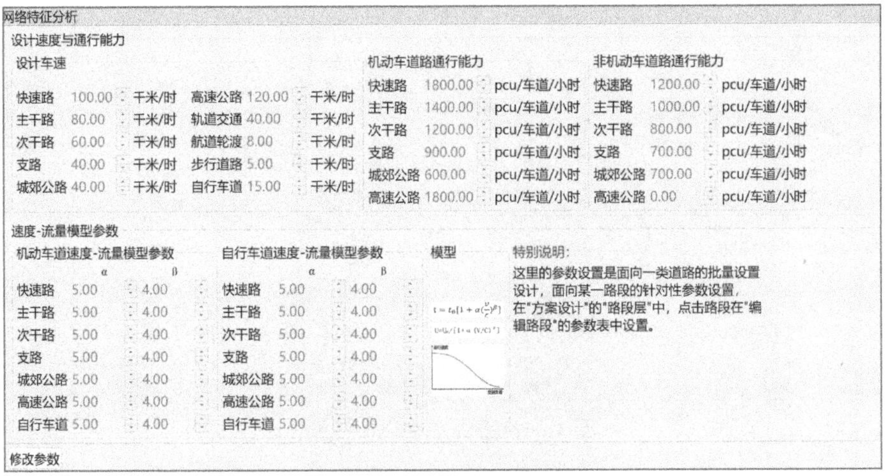

图 2.53　参数设置模块

2.5.4　案例结果查看

1) 方案仿真结果

在运行仿真分析后即可获取案例公交线网新增后的交通系统状态。右键点击或双击"方案"页面中的"分析结果展示—图形显示"可以直观地查看仿真结果,其中"机动车路段交通量分布""公交车路段交通分布",如图 2.54 所示。同时,也可以查看公交设置后的案例网络的质量信息,例如机动车交叉口负荷等是否存在改善,如图 2.55 所示。

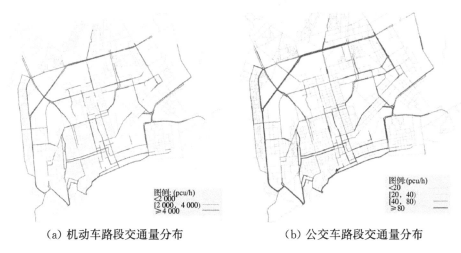

(a) 机动车路段交通量分布　　　(b) 公交车路段交通量分布

图 2.54　案例路网道路流量结果展示

(a) 机动车路段交通负荷分布　　　(b) 机动车交叉口负荷分布

图 2.55　案例路网交通质量结果展示

2) 方案评价分析

通过右键点击"数据表格",从而以表格的形式来获取路网运行的具体数据,如图 2.56、图 2.57 所示。在新增公交线路后,对路网运行影响较小,但是在设置公交线路的沿线道路上,机动车的路段流量和交叉口饱和度均明显降低,运行速度则显著提高,可认为是新增该公交线路对道路的运行改善具有正向影响。

序号	节点ID	节点类型	机动车通行能力	非机动车通行能力	非机动车交通量	机动车交通量	小客车交通量	摩托车交通量	出租车交通量
1	1	信号控制交叉口	4482.98	10687.50	115.99	288.97	143.56	0.21	135.23
2	8	主路优先权交叉口	3518.62	9618.75	0.00	96.14	47.73	0.08	44.96
3	14	主路优先权交叉口	2601.81	10580.60	0.00	2194.65	1085.14	0.06	1022.19
4	16	主路优先权交叉口	3518.62	11542.50	0.00	4245.22	2110.92	1.32	1988.49
5	17	无延误节点	2814.89	7500.00	0.00	6288.01	3112.42	16.57	2931.90
6	25	主路优先权交叉口	3164.43	10580.60	0.00	4993.46	2491.95	11.38	2347.42
7	26	信号控制交叉口	2146.81	10687.50	17.63	2733.37	1363.68	4.17	1284.59
8	27	信号控制交叉口	5199.80	10687.50	0.00	4296.70	2146.77	8.74	2022.27
9	29	信号控制交叉口	5199.80	11756.30	0.00	7959.91	3979.11	0.00	3748.31
10	30	信号控制交叉口	6713.09	12825.00	0.00	5005.92	2477.09	0.00	2333.42
11	36	信号控制交叉口	5199.80	12825.00	0.00	5461.00	2701.69	0.00	2545.00
12	37	无延误节点	3715.09	7500.00	0.00	6753.10	3336.10	17.26	3142.61
13	38	无控制交叉口	730.17	6250.00	0.00	465.09	223.68	0.68	210.71
14	39	无控制交叉口	1642.92	9621.16	314.08	1204.63	589.02	1.27	554.86
15	40	无控制交叉口	1460.33	8550.00	0.00	348.86	174.89	0.07	164.74
16	43	信号控制交叉口	3314.90	10687.50	139.21	2257.80	1104.18	8.65	1040.14

图 2.56　交叉口交通量信息示例

城市综合交通系统整体功能评估报告

5. 综合交通系统经济性能评价

全交通网络总成本------------------------------- 304.66 万元/h
小汽车时间成本----------------------------- 81.89 万元/h
公交车时间成本----------------------------- 134.21 万元/h
自行车时间成本----------------------------- 22.34 万元/h
步 行时间成本----------------------------- 0.88 万元/h
小汽车运营成本----------------------------- 48.76 万元/h
公交车运营成本----------------------------- 16.56 万元/h
全网络机动车运营成本--------------------------- 65.33 万元/h
交通拥堵直接经济损失--------------------------- 125.21 万元/h
居民平均广义出行成本--------------------------- 15.49 元/人次
车均运营成本----------------------------------- 10.54 元/pcu

图 2.57　案例交通系统整体功能评估报告

2.6　小结与思考

本章主要介绍了“交运之星-TranStar”交通仿真软件的仿真操作，包括仿真数据库的建立、仿真方案的图形编辑、分析功能的选择以及仿真结果的查看。

请根据本章的内容，思考以下问题：

1）“交运之星-TranStar”交通仿真的图形编辑功能能够进行哪些操作？

2）基于人口调整的仿真分析应如何开展？

3）单向交通管理的仿真分析应如何开展？

3　VISSIM 仿真操作

第 3 章 PPT

第 3 章彩图

　　VISSIM 微观交通仿真软件由德国 PTV 集团开发，目前在全球得到广泛使用，在微观交通仿真软件领域市场占有率最大。该软件主要包含四个核心功能模块：路网模块模拟道路和轨道交通基础设施；交通模块模拟路网上的车辆移动；控制模块模拟车辆由于冲突而采取的行为；输出模块得到各个仿真运行的结果。VISSIM 界面图如图 3.1 所示。

图 3.1　VISSIM 界面图

　　VISSIM 仿真软件的主要操作方法包括以下四个方面：路段及行人设施构建，交通组成、车辆输入与车辆路径设置，控制措施设置，仿真评估设置。

3.1　路段及行人设施构建

3.1.1　路段设施

1) 直线路段

　　路段和连接器的构建需要在 VISSIM 的"路段和连接器"模式下进行，如图 3.2 所示。在 VISSIM 界面中，单击左侧"路网对象"中的"路段和连接器"按钮(文字"路段"所在位置),在插入模式下进行路段和连接器的创建、修改与编辑,完成路段和交叉口道路基础设施仿真模型的构建。

图 3.2 "路段和连接器"按钮

对于直线路段的基本操作如下:新建路段、编辑路段属性、选中路段、修改路段的长度和方向、移动路段、复制路段、创建反方向路段和删除路段。

有两种方式可以实现新建路段。方式一:(1)在"路网编辑器"内需要添加路段的地方点击鼠标右键。(2)在弹出的菜单中选择"添加路段"选项。(3)在弹出的"路段属性"对话框中设置有关参数(设置方法参见"编辑路段属性")。(4)点击"路段属性"对话框的"确定"按钮,完成路段的创建。方式二:(1)将光标放在需要新建路段的起始位置。(2)先按下"Ctrl"键,然后再按下鼠标右键。(3)沿着新建路段的终点方向拖动鼠标(如图 3.3 所示)。

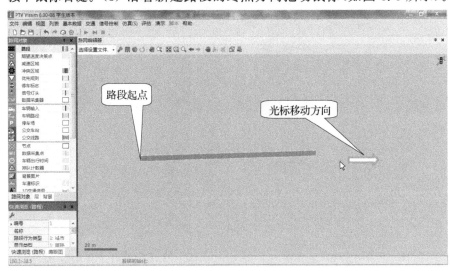

图 3.3 沿着路段终点方向拖动鼠标

(4)在新建路段的终点松开鼠标右键和"Ctrl"键。(5)在弹出的"路段属性"对话框中设置有关参数(设置方法参见"编辑路段属性")。(6)点击"路段属性"对话框的"确定"按钮,完成路段的创建。

2) 曲线路段

为了创建曲线路段,首先需要在直线路段中间添加点,该操作有以下两种方式。方式一:(1)选中某条路段(以鼠标左键点击该路段)。(2)向上滚动鼠标中间的滚珠,放大选中路段的图像,直到路段的两端出现了两个黄色的圆点。(3)在路段上需要添加点的位置单击鼠标右键。(4)在弹出的菜单中选择"添加点"选项。方式二:(1)选中某条路段(以鼠标左键点击该路段)。(2)向上滚动鼠标中间的滚珠,放大选中路段的图像,直到路段的两端出现了两个黄色的圆点。(3)按下"Ctrl"键。(4)在路段上需要添加点的位置点击鼠标右键(可以在路段上多次点击鼠标右键,以便添加多个点)。

在直线路段中添加若干个点之后,可以通过移动点的位置改变路段的几何形状,从而构建曲线路段。移动点的操作如下:(1)选中某条路段(以鼠标左键点击该路段)。(2)将光标放在某个点的上方(光标的右下方出现"十字星"图案)。(3)按下鼠标左键并移动光标,点将随着光标的移动而移动。

图 3.4 是一个添加了三个点的直线路段。通过向上移动该路段三个中间点的位置改变了其平面线形,由此构造了一个曲线路段。然而,该曲线路段的线形变化比较突兀,这与现实中的情况不太吻合。可以应用"创建多义线"操作,将其变为一个更加光滑的曲线路段。

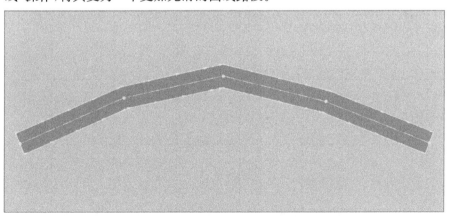

图 3.4 移动直线路段中间点的位置创建曲线路段

多义线是由多条直线段首尾相连而成的线形几何结构。"创建多义线"操作将构成曲线路段的每条直线段再均匀地分为若干段更短的直线路段,从而使得曲线路段变得更加"光滑"。其操作步骤如下:(1)选中某条路段。(2)单击鼠标右键,在弹出的菜单中选择"创建多义线"选项。(3)在弹出的"转换区段为划分点"对话框中,输入"中间点数量"。(4)点击"转换区段为划分点"对话框的"确定"按钮,完成多义线的创建。图3.4中的曲折路段通过"创建多义线"操作,成为一条更为"光滑"的曲线路段,如图3.5所示。

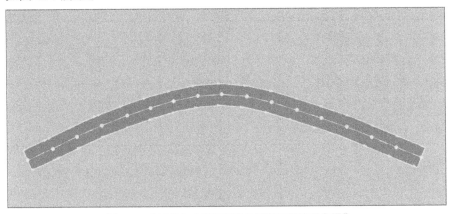

图3.5 "创建多义线"使得曲线路段更加"光滑"

3) 坡道路段

山区或者丘陵地区的道路通常具有一定的坡度和高度。此外,高架道路及其匝道也通常具有一定的坡度和高度。对于具有一定坡度和高度的路段,可以通过修改路段显示属性仿真其主要的三维几何特征。

路段显示属性的主要参数有:z-偏移(开始),z-偏移(结束)和厚度(3D)。"z-偏移"刻画了路段上的某个点的路面相对于参照面的距离,也就是其在3D坐标系中的z坐标。"z-偏移(开始)"指定了路段起点的路面高度,"z-偏移(结束)"指定了路段终点的路面高度。"厚度"则度量了从路段构造物的底层到顶层(路面)之间的距离。通过编辑"路段属性"对话框的"显示"选项卡,实现对其显示属性的修改。

假定要仿真一个有恒定纵坡的双车道路段,起始于地面,终点距离地面高度10 m,路段构造物的厚度是10 m。为了仿真路段的上述三维几何特征,需要进行如下操作:(1)选中路段。(2)点击鼠标右键,在弹出的菜单中选择"编辑"选项。(3)以鼠标左键点击"路段属性"对话框的"显示"选项卡。(4)"z-偏移(开始)"设置为0,"z-偏移(结束)"设置为10,"厚度(3D)"设置为10。(5)点击对话框的"确定"按钮,完成参数的设置。该坡道路段设置之后的3D图像如图3.6所示。

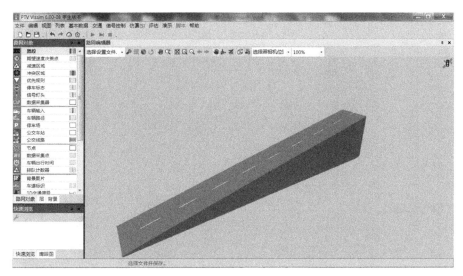

图 3.6　恒定纵坡路段的仿真

4) 连接器

虽然两个交叉口之间的道路基础设施可以抽象为一条路段,为了更好地仿真道路基础设施的微观特征,真实道路系统中的某条路段在仿真时通常被细分为若干子路段,以便更加精确地仿真某些要素的变化。如:路段的不同部分在平纵横线形设计方面存在一些差异,或者在路段的不同地点采取了差异化的管理措施(如:禁止或者允许某些车辆通行,禁止或者允许变换车道)。这些细分的子路段之间需要彼此连接起来;此外,在交叉口,进口车道和出口车道之间也需要相互连接起来,以便完成车辆的左、右转或者直行。路段或者车道之间的连接功能由连接器完成。

路段不能直接连接或者重叠。连接器将相邻的路段连接起来,形成交通网络。通过连接器的连接,车辆可以从一条路段到达另一条路段。连接器的创建过程如下:(1)选中上游路段。(2)按下"Ctrl"键或者"Shift"键。(3)将光标放在上游路段上"连接器"的起点位置。(4)按下鼠标右键,然后移动光标(在光标的移动方向出现了一个连接器)。(5)将光标移动到下游路段"连接器"的终点位置。(6)依次松开鼠标右键和"Ctrl"键(或者"Shift"键)。(7)在弹出的"连接器"对话框中设置有关参数(设置方法参见"编辑连接器")。(8)点击"连接器"对话框的"确定"按钮,完成连接器的创建(如图 3.7 所示)。

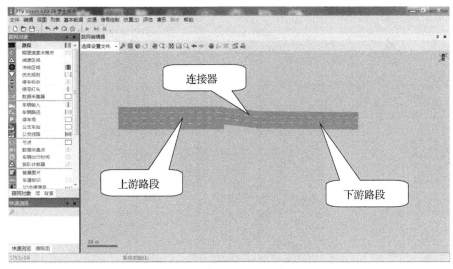

图 3.7　两条路段中间的连接器

3.1.2　行人设施

行人仿真中行人行走的环境在 VISSIM 中分为三类,分别是面域、障碍物和斜坡。

1) 行人面域

行人面域是 VISSIM 行人仿真环境中的最基本元素,行人面域可以表达行人进入路网的起始面域、行人离开路网的终止面域或者行人通过、排队集散的环境。

点击 VISSIM 界面左侧路网对象栏的"面域",激活行人面域编辑。用鼠标在路网编辑器内的空白处右键点击,弹出菜单中选择"添加面域"。弹出行人面域对话框,点击确定,如图 3.8 所示。

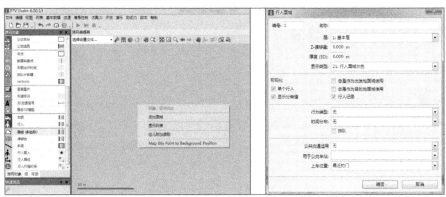

图 3.8　新建一个行人面域

用鼠标左键点击刚刚新建好的行人面域,行人面域被激活,同时边界出现四个黄色的小圆点,用鼠标左键按住其中一个小圆点拖动,可以对面域的形状进行编辑,如图3.9。

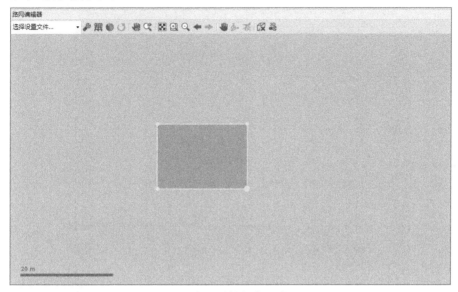

图 3.9　编辑行人面域

用鼠标左键点击刚刚新建好的行人面域,行人面域被激活,用鼠标在行人面域边界的黄线上右键点击,在弹出的菜单中选择"添加点",原来的四边形变成了五边形。经过几次操作可以将行人面域的形状编辑成一个多边形。

继续用鼠标在路网编辑器的空白处右键点击,在弹出的菜单中继续选择"添加面域"。弹出行人面域对话框,在对话框中的"总是作为出发地面域"前的方框内用鼠标左键点击打钩,继续点击确定完成一个新的行人面域的建立,如图3.10。这个行人面域为行人输入专用,也就是仿真中的行人可以通过该面域进入整个路网。

同样继续新建一个行人面域,在行人面域对话框的"总是作为目的地面域"前的方框内用鼠标左键点击打钩,如图3.11。

将新建好的行人出发地面域和目的地面域分别放置在第一个新建并编辑好的行人面域两侧,需要注意的是,这两个面域必须与第一个面域有重叠的部分,这样就能保证从出发地出发的行人能通过重叠面域部分进入第一个面域,也能让行人从第一个面域进入目的地面域完成出行,如图3.12。

在行人面域的窗口编辑中可以选择自定义的行人行走行为,反映不同面域的行人行走行为差异,本书仅介绍基本的建模流程,对于行走行为的设置和应用可参考VISSIM说明书。

图 3.10　新建一个行人面域作为出发地　　图 3.11　新建一个行人面域作为目的地

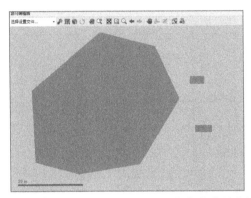 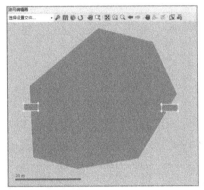

图 3.12　将出发地面域和目的地面域重叠

2) 障碍物

障碍物是行人在面域行走时需要绕开的范围,可以理解为建筑物里的柱子、墙体或者其他行人不能跨越的设施。障碍物的建立方式与行人面域的建立方式类似。

点击 VISSIM 界面左侧路网对象栏的"障碍物",激活障碍物编辑。用鼠标在路网编辑器内的空白处右键点击,弹出菜单中选择"添加障碍物"。弹出障碍物对话框,在"高度"栏内输入 1,点击确定,一个高度为 1 m 的障碍物出现在路网中,如图 3.13 所示。

用鼠标左键按住刚刚新建好的障碍物拖动到建立的面域中间,适当编辑该障碍物的形状,如图 3.14。这样在面域中就建立了一个障碍物,仿真过程中行人在该面域内的行走将不能进入该障碍物所在的范围。

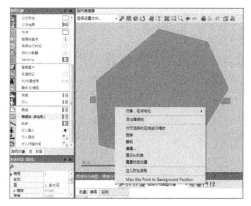
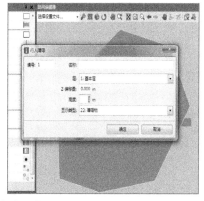

图 3.13 创建一个障碍物

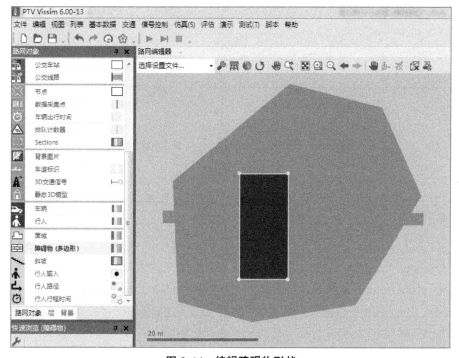

图 3.14 编辑障碍物形状

3.2 交通组成、车辆输入与车辆路径设置

3.2.1 交通组成

实际道路上行驶的车流由多种车辆类型构成,不同车辆类型之间存在物理特性(例如车身长度)、机动性能(例如最大加减速度)和驾驶行为(例如期望车速)等方面的差异。交通组成就是 VISSIM 对道路车流中各种车辆

类型组成比例的定义。需要注意的是公交线路上的交通组成需要单独定义。

VISSIM在向路网输入交通流量前,需要定义输入交通流的交通组成情况。交通组成通过在主菜单依次点击"交通"和"车辆组成"进行设置,弹出"车辆构成/车辆构成的相对流量"编辑窗口如图3.15所示。

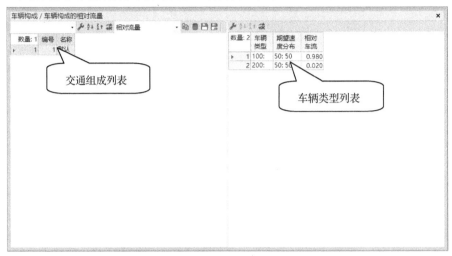

图3.15 "车辆构成/车辆构成的相对流量"窗口

"车辆构成/车辆构成的相对流量"窗口左侧显示用户所定义的交通组成列表,缺省情况下仅包含一个名为"默认"的交通组成,右侧显示当前交通组成所包含的车辆类型及其参数信息。

用户能够在窗口左侧增加新的交通组成,具体操作步骤如下:(1)右键点击此列表,在快捷菜单中点击"新建";(2)按需求在窗口左侧编辑交通组成参数;(3)按需求在窗口右侧编辑当前交通组成所包含的车辆类型参数。

另外,用户亦能够在窗口右侧新增当前交通组成所包含的车辆类型,具体操作方式如下:(1)右键点击此列表,在快捷菜单中点击"新建";(2)系统自动在列表尾部新增一项带有默认参数的车辆类型;(3)按需求编辑相关车辆类型参数。

窗口左侧的参数包括交通组成的"编号"和"名称"。窗口右侧显示当前交通组成所包含的车辆类型及其参数信息,可编辑的参数包括"车辆类型""相对流量""期望速度分布"。"相对流量"代表各种车辆类型流量占总流量的百分比,但VISSIM并不要求相对流量比例之和必须为1.0,这是由于在完成交通组成配置后,系统会自动重新计算各车辆类型所占的相对比例(首先计算所有车辆类型的相对流量比例之和,然后分别计算各车辆类型所占的相对比例)。因此,在"相对流量"项中可输入各车辆类型的实际交通流量。

3.2.2 车辆输入

车辆输入,即交通生成,是指向路网中输入交通流量,VISSIM 通过在路段或连接器上添加车辆输入对象实现路网交通流量的生成。

1) 添加车辆输入对象

向路网添加车辆输入对象的操作步骤如下:(1) 单击用户界面左侧"路网对象"栏中的"车辆输入"按钮(文字"车辆输入"所指位置),如图 3.16 所示。(2) 按住"Ctrl"键,在需要添加车辆输入的路段或连接器上点击鼠标右键,系统在路段起始端生成一条代表车辆输入对象的黑色线段。(3) 双击黑色线段,弹出"车辆输入"编辑窗口,编辑有关参数(具体方法参见"编辑车辆输入对象参数")。

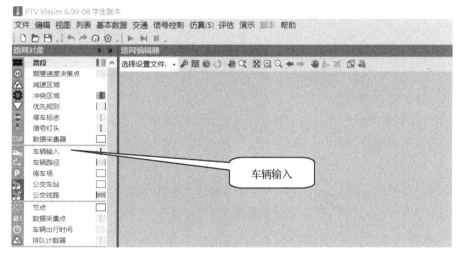

图 3.16 "车辆输入"按钮

2) 编辑车辆输入对象参数

编辑车辆输入对象参数的操作步骤如下:(1) 鼠标左键单击选中需要编辑车辆输入的路段。(2) 鼠标移动至当前路段或连接器的起点位置(代表车辆输入对象的黑色线段高亮加粗),左键双击该黑色线段,打开"车辆输入"对话框。(3) 按照需求编辑相应车辆输入对象的参数。

具体各项参数的意义如下:"编号"是系统自动分配给新建车辆输入对象的唯一标识,可以修改,但不允许与其他车辆输入对象相同。"名称"为用户为当前车辆输入对象指定一个标识名称。"交通流量"指输入的车辆流量大小。"路段"表示车辆输入对象所在路段。"交通组成"表示输入流量的交通组成。

3) 删除车辆输入对象

删除车辆输入对象的操作步骤如下：(1) 鼠标左键单击选中待删除车辆输入对象所在的路段。(2) 鼠标移动至当前路段或连接器的起点位置(代表车辆输入对象的黑色线段高亮加粗)，左键单击选中该黑色线段。(3) 单击右键，在弹出窗口点击"删除"或者按下键盘"Delete"键。

3.2.3　车辆路径

车辆路径包含了固定顺序的路段和连接器序列。车辆路径始于决策起点(显示为紫色)，终于"至路段"即决策终点(显示为青色)。通常情况下一个路径决策起点对应多个路径决策终点，因此车流在决策起点产生分支可通达多个决策终点。路径的长度为任意值，它仅仅代表在路网中任意决策起点与决策终点之间行驶过程中所通过路段和连接器的顺序。车辆路径的决策功能仅对其包含的车辆类别并且没有收到其他任何路径信息的车辆产生作用，这类车辆必须在通过路径决策终点后才能够接收新的路径信息。

新建车辆路径(包括静态路径、局部路径、停车路径以及闭合路径)的操作步骤如下：(1) 单击用户界面左侧"路网对象"栏中的"车辆路径"按钮(文字"车辆路径"所在位置)，如图 3.17 所示。(2) 单击车辆路径类型下拉菜单并按照需求选择车辆路径类型。(3) 鼠标左键单击选中某条路段作为路径的起始路段。(4) 按住"Ctrl"键，在希望设置路径决策起点的断面位置单击鼠标右键，路段上出现紫色线段，如图 3.18。(5) 移动鼠标至路径的目标路段，VISSIM 会以黄色彩带显示具体路径，在希望设置路径决策终点的断面位置单击鼠标左键，路段上出现青色线段，完成其中一条路径布设。重复该步骤直至完成最后一条路径布设，在空白单击鼠标左键，松开"Ctrl"键，完成车辆路径布设。

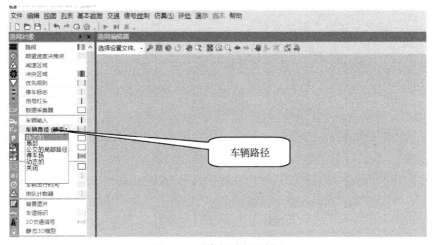

图 3.17　"车辆路径"按钮

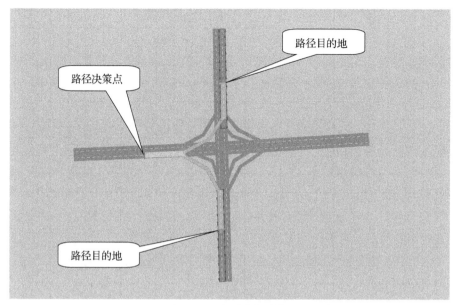

图 3.18　新建车辆路径

如果在路径决策点(起点)和路径目的地(终点)之间不存在连续的路段和连接器序列,VISSIM 将无法找到行驶路径,代表路径的黄色彩带无法显示。此时,需要改变路径终点的位置,或路径的目标路段,或创建必要的连接器。

控制措施设置

在平面交叉口以及两条道路的交汇与分离之处,不同方向的交通流相互产生冲突。为了解决这些交通冲突,保障交通的安全、有序和畅通,在交通工程的实践中或者采用交通信号灯明确清晰地分配道路的通行权(信号控制交叉口),或者采取一定的让行规则(减速让行或者停车让行)控制驾驶人和行人的交通行为。

3.2.4　让行控制

对车辆和行人让行控制的仿真,可以由"冲突区域"、"优先规则"和"停车标志"予以实现。虽然"冲突区域"和"优先规则"都可以仿真彼此冲突的交通之间的让行行为,"冲突区域"的设置更加简单,而"优先规则"则对使用者有更高的要求。"停车标志"可以协助"冲突区域"或者"优先规则"实现对停车让行的仿真。

1) 冲突区域

当两条道路相交时,为避免交通冲突,在交通管理中通常会指定某条道路具有优先通行权。在交通仿真中,路段或者连接器的相互重叠部分被定义为"冲突区域",可以设置"冲突区域"的优先通行权。

单击用户界面左侧"路网对象"栏中的"冲突区域"按钮(文字"冲突区域"所在位置),道路网中的所有冲突区域将被呈现出来(非激活的冲突区域显示为黄色)。设置冲突区域的优先通行权有以下两种方式。方式一:(1)单击用户界面左侧"路网对象"栏中的"冲突区域"按钮(文字"冲突区域"所在位置)。(2)鼠标左键点击需要设置的冲突区域(冲突区域呈现亮丽的黄色,表明已经被选中)。(3)点击鼠标右键,在弹出的菜单中选择"状态设置"中的选项(也即以"Set Status to"为开头的选项),指定具有优先通行权的路段或连接器。方式二:(1)在主菜单栏依次点击"列表""交叉口控制""冲突区域",打开冲突区域列表,如图 3.19 所示。(2)在列表中选择冲突区域的"状态"属性(2 等候 1 先行;1 等待 2 先行;未明确的)。

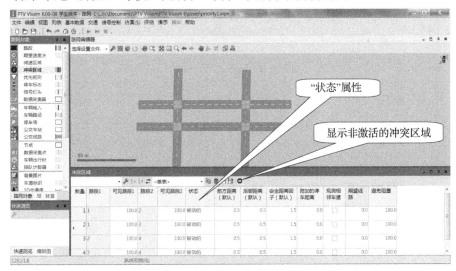

图 3.19 "冲突区域"列表

可选择的状态有三种:2 等候 1 先行;1 等待 2 先行;未明确的。"2 等候 1 先行"选项赋予设施 1 的交通以优先通行权;"1 等待 2 先行"选项赋予设施 2 的交通以优先通行权;"未明确的"选项则不指定优先通行权,设施 1 和设施 2 的通行权优先级别相同,按照先来后到的顺序分配通行权。"1"和"2"分别所代表的设施编号,可以在列表中查看。

具有优先通行权的设施在冲突区域以绿色显示,表明该设施上的车辆和行人在此处不需要让行;而具有较低通行权的设施在冲突区域的路径上放置了红色的条块,表明该设施上运行的车辆或行人需要让行。若将状态设置为"未明确的",整个冲突区域以红色显示,表明两个设施上的车辆和行人在此处的通行权没有优先之分,按照先来后到的顺序进行让行。

2) 优先规则

对于冲突交通流的让行管理也可以按照优先规则进行仿真。通过在路段或者连接器上设置优先规则的"停车线"和"冲突标志",实现对次要交通流车辆对主要交通流车辆(具有优先通行权)的让行控制。"停车线"是次要路段(通行权的级别较低)的车辆在让行时的停车位置,而"冲突标志"则设置在主要路段(通行权的级别较高)的冲突区域中,用于判定次要道路的车辆是否可以驶入冲突区域。对次要交通流让行控制的具体要求则体现在优先规则的属性设置中。

可按照下述步骤进行优先规则的设置:(1)单击用户界面左侧"路网对象"栏中的"优先规则"按钮(文字"优先规则"所在位置),如图 3.20 所示。(2)按下"Ctrl"键,并用鼠标右键点击次要路段上停止线的期望位置,在鼠标的点击将出现一条与车道垂直的红色线条,也即"停车线",如图 3.20 所示(需要让行的仿真车辆将停在此线的前方)。松开"Ctrl"键,光标的下方出现一条绿色线条(也即"冲突标志"),该线条随着光标的移动而移动。(3)将光标放在主要路段的适当位置,单击鼠标左键。(4)在弹出的"优先规则"对话框中编辑有关属性。(5)点击"优先规则"对话框的"确定"按钮,完成该"冲突标志"的添加。(6)如果需要对同一个"停车线"添加多个"冲突标志",重复步(3)、(4)和(5)。否则,在路网编辑器的空白区域点击鼠标左键,停止优先规则的设置。

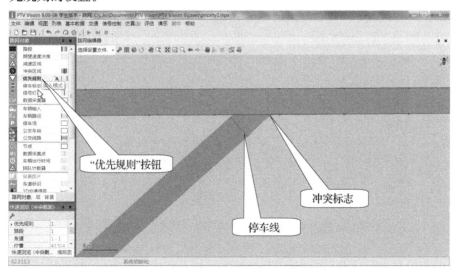

图 3.20 优先规则的设置

对于同一个"停车线"可以添加多个"冲突标志",以便仿真复杂的交通状况。在默认的情形下,"冲突标志"放置在冲突区域结束之前 1~2 m 处。

如果需要在路段与连接器的重叠区域设置"停车线",则应将其设置在连接器上。

3) 停车标志

在一些特定的道路交通设施,要求车辆在停车线前面完全停下来,然后再继续通行。譬如,在采取停车让行的交叉口,在公路的收费站,以及两相位信号控制交叉口在红灯期间的右转车道(两相位信号控制交叉口通常允许右转车辆在红灯期间让行通过)。为仿真车辆的上述停车行为,可以采用VISSIM的"停车标志"予以仿真。

添加停车标志的方式有两种,如下所示:

方式一:(1) 单击用户界面左侧"路网对象"栏中的"停车标志"按钮(文字"停车标志"所在位置),如图 3.21 所示。(2) 在路段或连接器上需要添加停车标志的地方点击鼠标右键。(3) 在弹出的菜单中选择"添加停车标志"。(4) 在弹出的"停车标志"对话框中编辑有关属性(具体方法参见"编辑停车标志属性")。(5) 点击"停车标志"对话框的"确定"按钮,完成停车标志的添加。

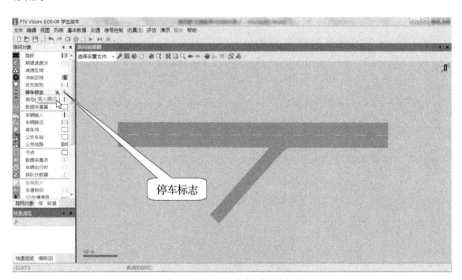

图 3.21 "停车标志"按钮

方式二:(1) 单击用户界面左侧"路网对象"栏中的"停车标志"按钮。(2) 按下按"Ctrl"键,然后在路段或连接器上需要添加停车标志的地方点击鼠标右键。(3) 在弹出的"停车标志"对话框中编辑有关属性(具体方法参见"编辑停车标志属性")。(4) 点击"停车标志"对话框的"确定"按钮,完成停车标志的添加。

3.2.5 信号控制

在 VISSIM 仿真系统中,可以运用信号控制机和信号灯头实现对信号控制交叉口的仿真。需要按照以下顺序完成信号控制的整个仿真过程:新建信号控制机;编辑信号控制,新建信号灯组和信号配时方案;在路段或者连接器的适当位置添加信号灯头,指定其所受控制的信号控制机和信号灯组的编号。

1) 信号控制机

VISSIM 仿真系统的信号控制机可以仿真定时式信号控制、感应式信号控制和区域信号控制系统。下面主要介绍定时式信号控制的仿真。

(1) 新建信号控制机

① 在主菜单栏依次点击"信号控制"和"信号控制机",打开"信号控制机/信号灯组"列表,如图 3.22 所示(右栏是信号控制机列表,左栏是信号灯组列表)。② 以鼠标右键点击信号控制机列表的空白处,在弹出的菜单中点击"新建"。③ 在弹出的"信号控制"对话框中编辑有关属性。④ 点击"信号控制"对话框的"确定"按钮,完成信号控制机的新建。

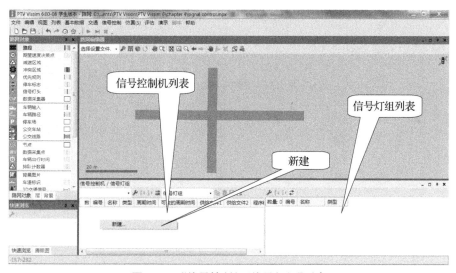

图 3.22 "信号控制机/信号灯组"列表

2) 编辑"信号控制"对话框

可以在新建信号控制机时编辑"信号控制"对话框,也可以在新建之后编辑,如图 3.23 所示。该对话框有两种打开方式。方式一:在列表中需要编辑的信号控制机上点击鼠标右键,在弹出的菜单中选择"编辑"。方式二:鼠标左键双击列表中需要编辑的信号控制机。

"信号控制"对话框的主要属性有:"编号"、"名称"和"类型",如图 3.23 所示。其中,"类型"是交通信号灯的控制方式,这里的"定时"表示定时式信号控制,其参数可以在下面的"固定配时"选项卡中进行设置。

如果使用事先制定的信号配时方案(保存在以 sig 为后缀的文件中),可以在"固定配时"选项卡中打开存放该配时方案的文件,方法是:点击"固定配时"选项卡的"数据文件 2"最右侧的按钮,如图 3.23 所示;在弹出的"打开文件"对话框中选择需要打开的文件。

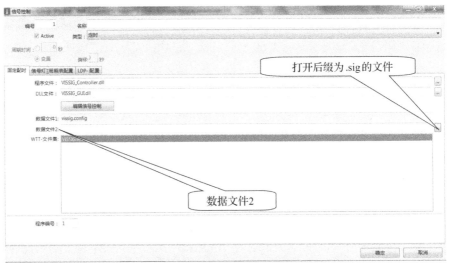

图 3.23 "信号控制"对话框

3) 信号灯头

因为在仿真的过程中信号灯组不可见,VISSIM 由信号灯头来显示信号灯组的灯色。一个信号灯组可以分配给多个信号灯头,这些灯头在每个时刻都显示相同的颜色,也就是信号灯组的颜色。

可以采取以下两种方式在路段或者连接器上添加信号灯头。方式一:(1) 单击用户界面左侧"路网对象"栏中的"信号灯头"按钮(文字"信号灯头"所在位置)。(2) 在路段或连接器上需要添加信号灯头的地方点击鼠标右键。(3) 在弹出的菜单中选择"添加信号灯头"。(4) 在弹出的"信号灯"对话框中编辑有关属性。(5) 点击"信号灯"对话框的"确定"按钮,完成信号灯头的添加。方式二:(1) 单击用户界面左侧"路网对象"栏中的"信号灯头"按钮。(2) 按下按"Ctrl"键,然后在路段或连接器上需要添加信号灯头的地方点击鼠标右键。(3) 在弹出的"信号灯"对话框中编辑有关属性(具体方法参见"编辑期信号灯头属性")。(4) 点击"信号灯"对话框的"确定"按钮,完成信号灯头的添加。

信号灯头应放置在信号控制交叉口停车线所在的位置,如图 3.24 所示。在仿真运行期间将根据信号控制机的指示依次呈现红色、绿色和黄色。红灯时到达的车辆被阻止在信号灯头的前方,绿灯时到达的车辆可以通过信号灯头;而在黄灯时到达的车辆,如果没有完全停下,则可以继续通过信号灯头。

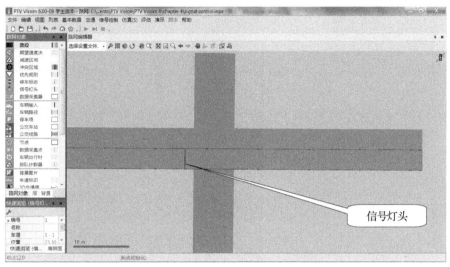

图 3.24　信号灯头的形状和位置

4) 仿真评估设置

在仿真模型的运行过程中,VISSIM 仿真软件可以输出大量数据。这些数据可能是原始数据或集聚数据。根据数据类型和所需的其他用途,可在列表或窗口内显示评估结果,以及将评估结果保存为文本文件或数据库文件,以便评估和分析交通系统的运行状态。

3.2.6　节点评估

可通过节点评价采集 VISSIM 路网内节点的数据。节点评价特别适用于评估十字路口的特定数据。(1) 点击路网对象栏"节点",切换至节点编辑状态。(2) 在路网编辑器中用鼠标右键点击围绕交叉口区域多边形所需的角点,所围区域如图 3.25 所示,同时弹出节点属性设置对话框,如图 3.26 所示。(3) 运行仿真,依次点击评估、结果列表、节点,打开"节点结果"列表,表中将显示排队长度、车辆数和人数、停止时间、延误、停车次数和尾气排放以及转向等数据。

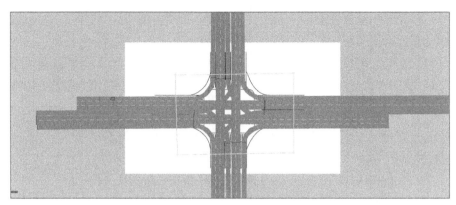

图 3.25 节点仿真评估区域

图 3.26 节点属性设置对话框

3.2.7 数据采集点

(1)单击左侧"数据采集点",进入数据采集点的编辑状态。(2)在交叉口的停车线所在位置点击鼠标右键,在弹出的菜单中选择"添加数据采集点"。单击左侧"数据采集点",进入数据采集点的编辑状态。在下方单击右键,点击新建,选择上一步设置的数据采集器。(3)依次点击评估、测量定义和数据采集设施,在打开的"截面数据采集"列表中进行有关设置。(4)依次点击评估、配置,弹出评估设置对话框,勾选数据采集。(5)运行仿真,依次点击评估、结果列表、数据采集,打开数据采集评价列表。

3.2.8 车辆出行时间

(1)单击左侧"车辆出行时间",进入车辆出行时间的编辑状态。(2)在东进口靠近起点位置单击右键,显示一红色线段,移动鼠标至西出口靠近终点位置,单击右键,出现一绿色线段,同时弹出"行程时间检测对话框",行程时间检测点设置如图 3.27 所示。(3)依次点击评估、配置,弹出评估设置对话框,选择车辆行程时间,单击确定。(4)运行仿真,依次点击评估、结果列表、车辆出行时间,打开车辆出行时间结果列表。

图 3.27 行程时间检测点设置

3.2.9 排队计数器

(1)点击路网对象栏"排队计数器",切换至排队计数器设置状态。(2)鼠标右键点击东进口靠近停止线处,出现红色线段,如图 3.28 所示。(3)点击评估—配置,在弹出对的对话框中选择"排队",点击确定。(4)运行仿真,依次点击评估、结果列表、排队长度,打开排队结果列表。

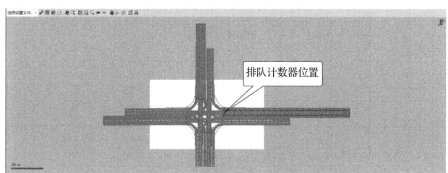

图 3.28 设置排队计数器

3.3 小结与思考

VISSIM 微观交通仿真模型主要涉及路段及行人设施构建、交通组成、车辆输入与车辆路径设置、控制措施设置和仿真评估设置。其中,路段及行人设施的构建是最核心的内容。路段设施(路段和连接器)可以针对机动车辆和非机动车辆的运行空间搭建基础性的仿真模型,形成错综复杂的道路网络。行人设施(行人面域和障碍物)针对行人的运动空间搭建行人独特的仿真模型。在创建了上述基础模型的基础上,就可以进一步进行交通组成、车辆输入与车辆路径设置,运用"冲突区域""优先规则""停车标志""信号控制机"和"信号灯头"进行控制措施的设置。最后,为了对仿真模型的运行结果进行评估,以便分析和比较不同方案的优缺点,可以进行仿真评估设置,以获取相关评价数据。

请根据本章的内容,思考以下问题:

1) 如何模拟不同车辆类型(如轿车、卡车、公交车)?

2) 如何使用 VISSIM 来设计和评估交通需求管理策略,比如限行、限号等?

3) 如何使用实际交通数据来校准 VISSIM 仿真模型,确保模拟结果的准确性?

4) VISSIM 在模拟非常规交通事件、极端天气条件等复杂交通现象时有哪些局限性?

5) 如何利用 VISSIM 来评估未来交通技术(如自动驾驶车辆、共享出行服务)对交通网络的影响?

---- 参考文献 ----

[1] 张国强,王园园,王涛,等.微观交通仿真基础[M].北京:人民交通出版社,2017.

4 交叉口信号控制仿真实验

第 4 章 PPT

第 4 章彩图

第 4 章任务书
和数据库

交叉口是道路网络的重要组成部分,也是交通控制与管理的重要对象。本章以最具代表性的十字形平面交叉口为例,说明如何搭建这类交通设施的微观交通仿真模型,以及如何进行仿真数据的采集与分析,以便对交通设施的运行状况进行全面和系统的评估。

4.1 实验定位与目标

城市道路平面交叉口是城市道路网络最复杂的部分。在这里,不同方向的交通流相互交织,形成了错综复杂的交通状况。因此,城市交通控制与管理的主要核心任务在于对平面交叉口的控制与管理。

城市道路十字形平面交叉口是城市道路平面交叉口最为常见的形式,既可以主要道路与主要道路相交,也可以主要道路与次要道路相交。本实验将通过一个十字形平面交叉口仿真模型的构建、运行与评估,来说明VISSIM 微观交通仿真软件基本操作的使用方法。要求掌握如何综合运用各种路网对象创建一个包括机动车、非机动车和行人的错综复杂的微观交通仿真系统,同时复习和巩固与交叉口信号控制有关的理论、方法和技术,进一步巩固专业知识,培养工程实践能力。

通过开展交叉口信号控制仿真,期望实现以下目标:能够熟练地运用路段与连接器搭建路段设施;能够熟练地运用面域等设施来搭建行人设施;能够熟练地进行车辆期望速度、交通组成、车辆输入与车辆路径的设置;能够熟练地进行行人期望速度、行人构成、行人交通量与行人路径的设置;能够熟练地进行交通控制设施的设置,设计信号相位,创建信号控制机和信号灯头;能够熟练地分析交通冲突点,进行让行控制的设置;能够运用数据采集点进行仿真评估设置,并对仿真结果进行科学的评价;能够在仿真评价的基础上,对原方案进行分析和改善。

4.2 实验情况与要求

4.2.1 实验情况

图 4.1 是个十字形交叉口,由两条道路相交而成。"常德街"东西走向,双向 6 条机动车道,两边各有 1 条自行车道。在交叉口进口道,道路中线向左偏移,形成左转专用车道,停车线前方设置人行横道。"虎贲路"南北走向,双向 6 条机动车道,两边各有 1 条自行车道;在交叉口进口道,道路中线向左偏移,形成左转专用车道,停车线前方设置人行横道。为方便左转机动车和自行车的通行,在 4 个进口道的前端都设计了机动车和自行车的左转弯待转区。

进口道上游路段涉及交通流的交织和分流,车辆需要减速和变换车道;出口道的下游路段车道数增加,车辆有换道和加速行为。因此,除了图 4.1 所示的区域,仿真模型还应该包含进口道的上游路段和出口道的下游路段。交叉口主要道路交通设施几何设计参数如表 4.1 所示。

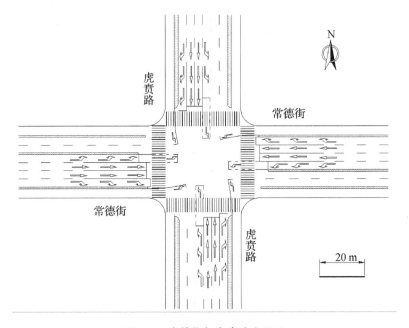

图 4.1 常德街与虎贲路交叉口

表 4.1 常德街与虎贲路交叉口道路交通设施几何设计参数

道路名称	交通设施		数量/条	宽度/m	长度/m
常德街	机动车	进口道	4	3.3	60
		进口道上游	3	3.5	55
		出口道	2	3.2	60
		出口道下游	3	3.5	55
	自行车	进口道	1	3.6	118
		出口道	1	3.6	118
	人行横道		2	6.0	31
虎贲路	机动车	进口道	4	3.4	80
		进口道上游	3	3.5	78
		出口道	2	3.4	80
		出口道下游	3	3.5	78
	自行车	进口道	1	3.7	170
		出口道	1	3.7	170
	人行横道		2	6.0	33

4.2.2 实验要求

实验要求包括以下方面:(1)根据交通控制的理论知识,进行相位的设计和信号配时的计算。(2)建立单点信号控制的交通仿真。(3)对所建立的仿真模型进行运行,并采集评价指标。(4)分析评价指标,评价信号控制的服务水平。(5)对信号配时方案进行优化。(6)运行优化后的仿真模型,并采集评价指标。(7)将原方案与优化方案进行对比分析。

4.3 实验操作流程

4.3.1 道路设施仿真

为构建交叉口的仿真模型,首先需要添加背景图片,然后构建每个进口道和出口道的仿真模型,最后依据交通流运行的时空轨迹,连接相关道路交通设施。接下来以常德街为例说明道路设施仿真模型的主要操作流程:

1) 路段

路段仿真模型的构建涉及大量的操作,需要花费很多的时间。以常德街为例说明主要操作流程:

常德街被交叉口分为东西两个部分,这两个部分是完全对称的。因此,

可以首先建立常德街西段仿真模型,然后运用"复制"和"方向反转"操作得到常德街东段仿真模型。具体操作如下:

(1) 点击路网编辑器工具栏中的"平移模式",移动路网编辑器中的背景图片,并且放大图像,使得图片中的常德街西段位于路网编辑器的中心位置,图片中的各种交通标线清晰可见。

(2) 在常德街西进口机动车左转车道、直行车道和右转车道所在的位置,分别新建三条路段,其"名称"分别设置为"常德街—西进口道—机动车—左转"、"常德街—西进口道—机动车—直行"和"常德街—西进口道—机动车—右转";"行为类型"皆设置为"城市道路(机动车道)";"车道数"分别设置为"1、2 和 3";"宽度"均设置为 3.3 m。路段"常德街—西进口道—机动车—左转"覆盖了西进口机动车左转车道和左转弯待转区,终点略微超过"机动车左转弯待转区"处的停车线,以方便在此设置"信号灯头"。路段"常德街—西进口道—机动车—直行"和"常德街—西进口道—机动车—右转"的终点都设置在略微超过"人行横道"的位置,以方便"人行横道"和"信号灯头"的设置。以上操作所建立的仿真模型如图 4.2 所示。

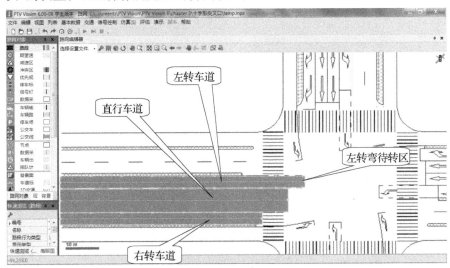

图 4.2　常德街西进口机动车道

(3) 以同样的方式,在路网编辑器的背景图上创建常德街西段的进口道上游路段、出口道、出口道下游路段、自行车道等道路设施的仿真模型。进口道上游路段和进口道之间的空隙以及出口道和出口道下游路段之间的空隙是路段的渐变段,是车辆变换车道进出交叉口的关键地点,将由"连接器"进行仿真。

(4) 运用"复制"操作复制常德街西段的每条路段;运用"方向反转"操作反转所复制路段的方向,并将其移动到常德街东段的相应位置。最后,对这些路段的"名称"进行相应的调整。这样,就创建了常德街东段所有道路交通设施的仿真模型,它们分别是"常德街—东进口道—机动车—左转"、"常德街—东进口道—机动车—直行"、"常德街—东进口道—机动车—右转"、"常德街—东出口道—机动车"、"常德街—东出口下游路段—机动车"、"常德街—东进口上游路段—机动车"、"常德街—东进口—自行车"、"常德街—东进口—自行车左转弯待转区"和"常德街—东出口—自行车"。

上述操作在路网编辑器的背景图上创建了常德街西段和东段的仿真模型。除了人行横道外,整个常德街交通仿真模型已经全部构建起来,如图4.3所示。

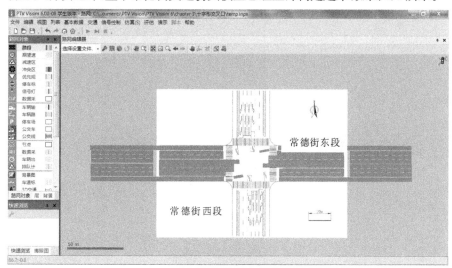

图4.3 常德街仿真模型

2) 路段之间的连接

上述操作建立起常德街与虎贲路交叉口各类道路交通设施的仿真模型。然而,这些设施之间的相互联系还没有建立起来。道路交通设施之间的联系将由"连接器"完成,包括以下四个方面的连接:机动车进口道上游路段和进口道路段;机动车出口道路段和出口道下游路段;机动车进口道路段和出口道路段;自行车进口道路段和出口道路段。以常德街西段为例说明连接器的构建过程:

(1) 机动车进口道上游路段和进口道路段以及机动车出口道路段和出口道下游路段

常德街西进口道有四条机动车道,分别是一条左转车道、两条直行车道和一条右转车道,由三条仿真路段进行仿真,它们是"常德街—西进口道—机动车—左转"、"常德街—西进口道—机动车—直行"和"常德街—西进口道—机动车—右转"。进口道上游路段有三条机动车道,由路段"常德街—西进口上游路段—机动车"进行仿真。假定机动车在到达进口道之前已经根据路径的选择进行了相应的车道变换。上游路段的车道1连接进口道右转车道,上游路段的车道3连接进口道左转车道,上游路段的车道2和车道3连接进口道两条直行车道。

根据上述分析,将路段"常德街—西进口上游路段—机动车"的车道3连接路段"常德街—西进口道—机动车—左转"的车道1,其名称设置为"西进口上游路段—西进口左转车道";将路段"常德街—西进口上游路段—机动车"的车道1连接路段"常德街—西进口道—机动车—右转"的车道1,其名称设置为"西进口上游路段—西进口右转车道"。以上设置如图4.4所示。

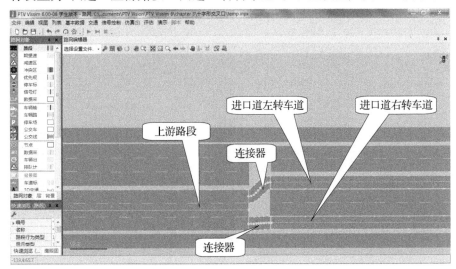

图4.4　常德街机动车西进口上游路段与进口道左转车道和右转车道的连接

以同样的方式,分别设置常德街机动车西进口上游路段与西进口道直行车道的连接以及常德街西段机动车出口道路段和出口道下游路段的连接。

(2) 常德街西段机动车进口道路段和其他出口道路段

常德街西进口道左转机动车从左转车道驶出后最有可能选择的车道是虎贲路北出口道的左侧机动车道(车道2);常德街西进口道直行机动车从直行车道驶出后可以选择常德街机动车东出口道的两条车道(车道1和车道2);常德街西进口道右转机动车从右转车道驶出后最有可能选择的车道是虎贲南出口道的右侧机动车道(车道1)。根据上述分析,执行以下操作:

① 将路段"常德街—西进口道—机动车—左转"的车道1连接路段"虎贲路—北出口道—机动车"的车道2,连接器的名称设置为"西进口—北出口—左转—机动车"。连接器的起点要超过左转弯待转区停车线的位置并且尽量靠近上游路段的终点,连接器的终点要尽量靠近下游路段的起点。

② 将路段"常德街—西进口道—机动车—直行"的车道1和车道2连接

路段"常德街—东出口道—机动车"的车道1和车道2,连接器的名称设置为"西进口—东出口—直行—机动车"。连接器的起点要尽量靠近上游路段的终点,连接器的终点要尽量靠近下游路段的起点。此外,连接器还应该与"东进口机动车左转弯待转区"保持一定距离。

③ 将路段"常德街—西进口道—机动车—右转"的车道1连接路段"虎贲路—南出口道—机动车"的车道1,连接器的名称设置为"西进口—南出口—右转—机动车"。连接器的起点要尽量靠近上游路段的终点,连接器的终点要尽量靠近下游路段的起点,如图4.5所示。

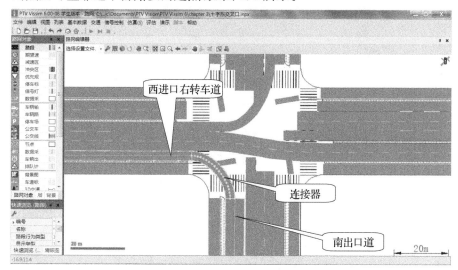

图4.5 西进口南出口右转机动车道连接器

(3) 常德街西段自行车进口道路段和其他出口道路段

常德街西进口道有一条自行车道。自行车驶出后可以直行到达常德街自行车东出口道,也可以右转进入虎贲路自行车南出口道。而左转的自行车需要经过常德街西进口自行车左转弯待转区,然后再到达虎贲路自行车北出口道。根据上述分析执连接器的有关操作,形成自行车进口道路段和其他出口道路段的连接,如图4.6所示。

3) 人行横道

在交叉口的四个进口道各有一条人行横道,它们位于停车线的前面,并且彼此相互靠近。这样,就需要在交叉口的四个角落设置行人面域,然后再创建人行横道,具体步骤如下:

(1) 在交叉口的四个角落(西北、西南、东北和东南)分别创建四个面域。它们紧贴自行车进口道和出口道,其名称分别设置为"常德街西—虎贲路北""常德街西—虎贲路南""常德街东—虎贲路北""常德街东—虎贲路南"。

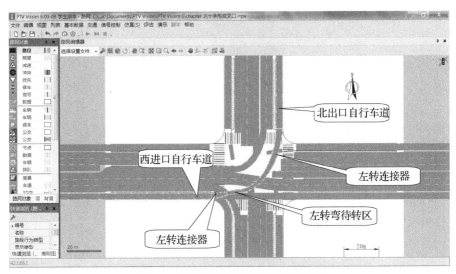

图 4.6　西进口左转自行车道连接器

（2）在四条人行横道所在位置分别创建四条路段。"是否作为行人面域使用"设置为"是""车道数"设置为"1""宽度"设置为"6.0"。其名称分别设置为"常德街西—人行横道—自北向南"；"常德街东—人行横道—自北向南"；"虎贲路北—人行横道—自西向东"和"虎贲路南—人行横道—自西向东"。将对偶路段的名称分别设置为："常德街西—人行横道—自南向北"；"常德街东—人行横道—自南向北"；"虎贲路北—人行横道—自东向西"和"虎贲路南—人行横道—自东向西"。四条人行横道在交叉口的四个角落里与行人面域相互重叠，如图 4.7 所示。

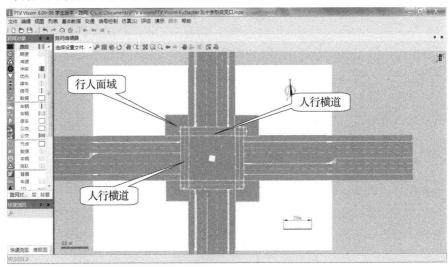

图 4.7　人行横道与行人面域相互重叠

4) 检查

以上操作建立了常德街与虎贲路交叉口各类道路交通设施的仿真模型。为了确保所建立的模型准确无误,需要进行全面的检查,主要内容包括以下两个方面:检查各个设施(路段)是否有遗漏的情况,各个设施的主要设计参数是否正确;检查设施之间的连接(连接器)是否有遗漏的情况,连接是否正确。为方便检查,可开启线框显示,如图 4.8 所示。

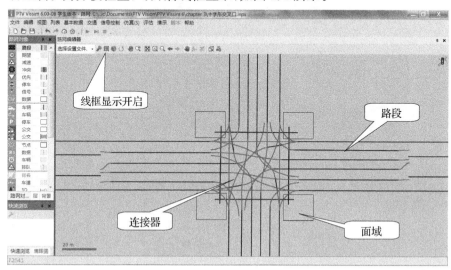

图 4.8 常德街与虎贲路交叉口仿真模型线框显示

4.3.2 控制措施仿真

1) 让行控制仿真

在 VISSIM 仿真系统中,可以运用"冲突区域"仿真彼此存在冲突关系的车辆和行人的让行运动。依据交通法规有关让行的规定,可以通过以下步骤实现对冲突点让行控制的仿真。

(1) 单击用户界面左侧"路网对象"栏中的"冲突区域"按钮(文字"冲突区域"所在位置);在主菜单栏依次选择"列表""交叉口控制""冲突区域",打开冲突区域列表。

(2) 设置连接器"西进口—南出口—右转—机动车"与连接器"左转弯待转区—南出口—自行车"之间的冲突区域,将冲突区域的状态属性设置为"1 等待 2 先行"。

(3) 设置连接器"左转弯待转区—北出口—自行车"与连接器"东进口—北出口—右转—机动车"之间的冲突区域,将冲突区域的状态属性设置为"2 等候 1 先行"。

(4) 设置连接器"北进口—西出口—右转—机动车"与连接器"左转弯待

转区—西出口—自行车"之间的冲突区域,将冲突区域的状态属性设置为"1等待 2 先行"。

(5) 设置连接器"左转弯待转区—东出口—自行车"与连接器"南进口—东出口—右转—机动车"之间的冲突区域,将冲突区域的状态属性设置为"2等候 1 先行"。

以上操作设置的冲突区域如图 4.9 所示。

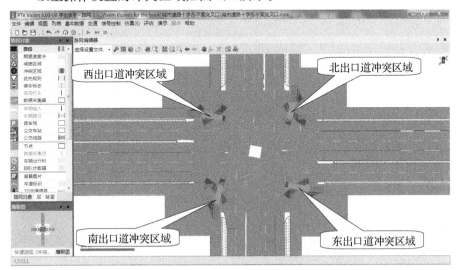

图 4.9　左转自行车与对向右转机动车的冲突区域

以同样的方式,设置同一进口道左转自行车与右转机动车的冲突区域、左转弯待转区自行车与对向左转自行车的冲突区域以及右转自行车与左转自行车的合流冲突区域。

2) 信号控制仿真

(1) 信号控制机

分析常德街与虎贲路交叉口的交通需求,可以设计一个四相位的交通信号控制方案(见图 4.10)。南北进口道的直行车辆和东西进口道的直行车辆在完全不同的时间内通过停车线,需要由两个信号灯组进行控制,四个进口道的右转车辆具有完全相同的通行时间(相位 2 和相位 4),可以用一组信号灯组进行控制。左转弯待转区的存在使得左转车辆需要先后通过两个停车线,而且左转车辆通过这两个停车线的时间也不完全一致;因此,相位 2 和相位 4 中的左转车辆分别需要由两个信号灯组进行仿真。总的来说,为了仿真该交叉口的四相位信号控制方案,需要使用七个信号灯组,其具体步骤如下:

① 新建信号控制机,将其"名称"设置为"常德街与虎贲路交叉口",将其"类型"设置为"定时"。

② 打开信号控制编辑器,新建七个信号灯组,并将其"名称"分别设置为"东西进口—直行"、"东西进口—左转第一停车线"、"东西进口—左转第二停车线"、"南北进口—直行"、"南北进口—左转第一停车线"、"南北进口—左转第二停车线"和"右转",默认的序列设置为"红—绿—黄";根据信号配时方案,计算各个信号灯组的主要参数,如表4.2所示。

③ 新建"信号配时方案1",将其周期时间设置为115 s,并按照表4.2编辑各个信号灯组的属性,设置的参数如图4.11所示。

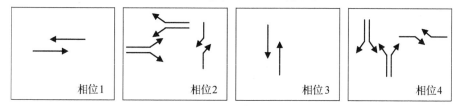

图4.10　交通信号控制方案

表4.2　常德街与虎贲路交叉口信号灯组的主要参数

信号灯组	红灯1(结束)/s	绿灯1(结束)/s	红灯2(结束)/s	绿灯2(结束)/s	黄灯/s
东西进口—直行	0	25	—	—	3
东西进口—左转第一停车线	0	50	—	—	3
东西进口—左转第二停车线	30	50	—	—	3
南北进口—直行	55	91	—	—	3
南北进口—左转第一停车线	55	110	—	—	3
南北进口—左转第二停车线	96	110	—	—	3
右转	30	50	96	110	3

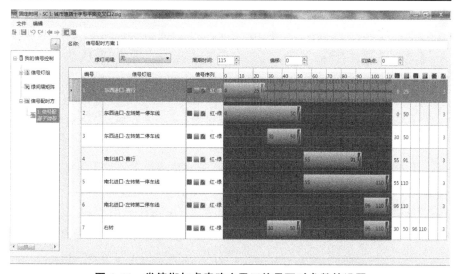

图4.11　常德街与虎贲路交叉口信号配时参数的设置

(2) 信号灯头

在创建了上述信号控制机的基础上,逐步在交叉口的各个进口道添加信号灯头,设置其所对应的信号灯组:机动车进口道信号灯头的设置、自行车进口道信号灯头的设置、人行横道信号灯头的设置。

4.3.3 车辆和行人仿真

常德街与虎贲路交叉口的服务对象非常复杂,既有机动车(包括小汽车和大型客车),又有自行车,还有行人。为了系统地进行仿真,需要按照车辆(包括机动车和自行车)和行人这两大类别分别开展操作。

1) 车辆仿真

为了对车辆进行仿真,首先需要定义车辆的期望速度,然后定义车辆组成,进行车辆的输入,最后设置车辆的路径。以西进口的机动车为例,说明其主要操作步骤:

(1) 在主菜单栏依次点击"基本数据"、"分布"和"期望速度",打开"期望速度—分布"列表。在列表内分别新建两个期望速度分布,其编号分别为"1008"和"1009"。将其名称分别设置为"小汽车"和"大型客车",其下限值和上限值分别设置为:46 和 56 与 43 和 55。

(2) 在主菜单栏依次点击"交通"和"车辆组成",打开"车辆构成/车辆构成的相对流量"列表。在列表内新建车辆构成,其名称分别为"机动车—西进口",编号为"3"。车辆构成由两种车型所组成:小汽车和大型客车,这两种车型的期望速度分布设置为"1008:小汽车"和"1009:大型客车"。车辆构成"机动车—西进口"所包含两种车型的相对车流设置为"97"和"3"。

(3) 单击用户界面左侧"路网对象"栏中的"车辆输入"按钮(文字"车辆输入"所在位置)。在路段"常德街—西进口上游路段—机动车"添加车辆输入,将其名称设置为"机动车—西进口",车辆构成设置为"3:机动车—西进口",流量设置为"1160"。

(4) 单击用户界面左侧"路网对象"栏中的"车辆路径"按钮(文字"车辆路径"所在位置);在主菜单栏依次点击"列表"、"私人交通"、"路径"和"静态路径决策",打开"静态车辆路径决策点/静态车辆路径"列表。在路段"常德街—西进口上游路段—机动车"添加静态车辆路径决策点,将其名称设置为"机动车—西进口";分别以路段"虎贲路—北出口下游路段—机动车"、路段"常德街—东出口下游路段—机动车"和路段"虎贲路—南出口下游路段—机动车"为目的地路段设置三条静态车辆路径,路径的名称分别设置为"左转"、"直行"和"右转",路径的相对车流分别设置为"240"、"610"和"310",如图 4.12 所示。

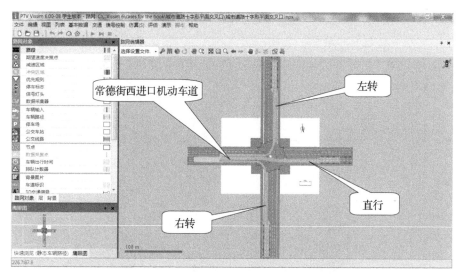

图 4.12　常德街西进口机动车路径的设置

2) 行人仿真

行人仿真的步骤与车辆仿真非常类似,首先需要定义行人的期望速度,然后定义行人构成,输入行人的交通量,并设置行人的路径。

4.4　实验结果分析

根据常德街与虎贲路交叉口的基本情况,通过对道路设施、交通管理与控制以及车辆和行人的仿真,建立起该交叉口完整的仿真模型。仿真运行表明,交叉口各进口道的交通运行比较流畅,没有出现严重的拥堵现象。总的来说,由于机动车交通流采取了适当的渠化措施,左转、直行和右转车辆分道行驶,其运行状况好于自行车。

4.4.1　仿真数据采集

为了更加客观准确地评估交叉口的服务水平,需要采集有关车辆运行状况的数据。鉴于该交叉口采取了信号控制,红灯期间到达进口道的车辆需要在停车线之前停车等待。因此,评估该交叉口服务水平的关键在于分析车辆在停车线之前的排队延误情况,可以通过设置数据采集设施收集相关数据,以西进口机动车道为例说明其主要操作步骤:

1) 单击用户界面左侧"路网对象"栏中的"数据采集点"按钮(文字"数据采集点"所在位置)。在路段"常德街—西进口道—机动车—左转"上第一停车线和第二停车线所在位置分别添加一个数据采集点,其名称分别设置为"机动车—西进口—左转—第一停车线"和"机动车—西进口—左转—第二停车线";在路段"常德街—西进口道—机动车—直行"的两个车道上停车线所在位置分别添加一个数据采集点,其名称都设置为"机动车—西进口—直行";在路段"常德街—西进口道—机动车—右转"上停车线所在位置添加数据采集点,其名称设置为"机动车—西进口—右转"。以上设置如图4.13所示。

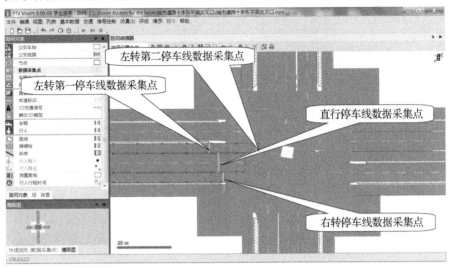

图 4.13 机动车西进口道数据采集点的设置

2) 在主菜单栏依次点击"评估"、"测量定义"和"数据采集设施",打开"截面数据采集"列表。在列表中新建数据采集设施(数据采集法),其名称依次是"机动车—西进口—左转—第一停车线""机动车—西进口—左转—第二停车线""机动车—西进口—直行""机动车—西进口—直行""机动车—西进口—右转"。以上数据采集设施选择了与其名称相同的数据采集点。

3) 在主菜单栏依次点击"评估"和"配置",打开"评估设置"对话框。编辑"结果特征属性"选项卡,对列表中的"数据采集"进行设置:"收集数据"属性打钩;"时间间隔"设置为"600"(单位:s)。

4) 在主菜单栏依次点击"评估"、"结果列表"和"数据采集",打开"数据采集评价—结果"列表;运行仿真模型,则在该列表中显示评价指标。

4.4.2 仿真数据分析

仿真结束后,对"数据采集评价—结果"列表中的数据进行处理和分析,得到常德街与虎贲路交叉口进口道各流向(左转、直行和右转)机动车和自行车的平均排队延误时长,如图4.14所示。分析该图可知,该交叉口的总体运行状况良好,除了东进口和南进口左转自行车的平均排队延误时长较高之外,其他各个流向的平均排队延误时长都处于一个合理的范围(小于90 s)。除了个别进口道的个别流向外,机动车的平均排队延误时长显著地低于自行车。此外,该图还表明,无论机动车还是自行车,左转方向的延误时长显著地高于直行和右转方向的延误。

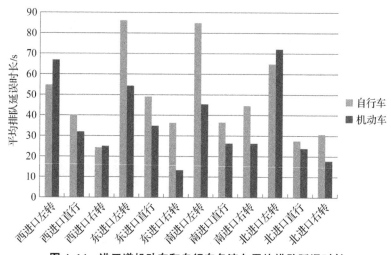

图 4.14　进口道机动车和自行车各流向平均排队延误时长

根据《道路通行能力手册》有关机动车服务水平的评价标准,西进口机动车的左转达到了 E 级服务水平,而西进口机动车的直行和右转则达到了 C 级服务水平。东进口机动车的左转、直行和右转分别达到了 D 级、C 级和 B 级服务水平。南进口机动车的左转达到了 D 级服务水平,而南进口机动车的直行和右转则达到了 C 级服务水平。北进口机动车的左转达到了 E 级服务水平,北进口机动车的直行和右转则分别达到了 C 级和 B 级服务水平。

以图 4.14 中的数据为基础,计算交叉口各个进口道的平均排队延误,结果如图 4.15 所示。该图表明,四个进口道的机动车平均排队延误都低于自

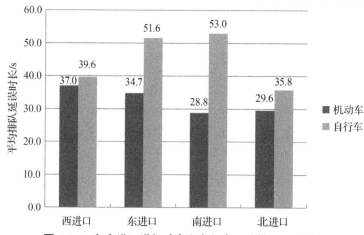

图 4.15　各个进口道机动车和自行车平均排队延误时长

行车。虽然南进口道的机动车平均排队延误时间最短,然而其自行车的平均排队延误时间却是其中最长者。根据《道路通行能力手册》有关机动车服务水平的评价标准,西进口的机动车达到了 D 级服务水平,而东进口、南进口和北进口机动车服务水平则达到了 C 级服务水平。整个交叉口机动车的平均排队延误为 32.5 s,达到了 C 级服务水平。

4.5 小结与思考

本实验以一个典型的十字形平面交叉口为例说明如何运用微观交通仿真软件搭建交叉口的仿真模型。实验给出了所搭建模型的主要状况。实验要求根据所给定的条件来逐步搭建、运行和分析仿真模型。譬如:仿真模型主要参数的计算、单点信号控制交通仿真模型的构建、仿真模型的运行、指标的采集与分析等。实验操作主要包括了道路设施仿真、控制措施仿真和车辆与行人的仿真。道路设施仿真主要是运用 VISSIM 的路网对象"路段和连接器"构建交叉口进口道的各条车道、出口道的车道以及进口道上游路段的车道,把相邻路段的车道用连接器连接起来。然后,用面域构建人行横道。最后,为避免错误,对构建的道路设施模型进行全面的检查。让行控制的仿真主要是依据交通管理法规有关通行权的规定,运用"冲突区域"仿真车辆在冲突点的相互避让规则。信号控制仿真主要是运用"信号控制机"设置信号控制方案,以及运用"信号灯头"仿真交通信号灯依据信号控制方案实现对车辆的交通控制。

请根据本章的内容,思考以下问题:

1) 在仿真模型运行的过程中,发现车辆在距离停车线很近的地方发生换道现象,并因此出现交通拥堵,试分析该现象发生的原因。

2) 使用不同的"随机种子"运行仿真模型,并对实验结果进行分析,研究随机种子对实验结果的影响。

3) 将小汽车的期望速度分布区间修改为 50~60 km/h,并重新运行仿真模型,对实验结果进行分析,研究期望速度对实验结果的影响。

4) 修改东进口或者西进口的机动车车道宽度,并重新运行仿真模型,对实验结果进行分析,研究机动车车道宽度对实验结果的影响。

5) 修改东进口上游路段或者西进口上游路段的车辆输入,并重新运行仿真模型,对实验结果进行分析,研究机动车交通量的变化对实验结果的影响。

5 干线绿波控制仿真实验

第 5 章 PPT

第 5 章彩图

第 5 章任务书和数据库

干线绿波控制是交通控制与管理的主要技术,对于提升道路网络的服务水平具有突出的效果。本章以主干道上三个相邻交叉口的交通信号协调控制为例,说明如何搭建干线绿波控制系统,以及如何进行仿真数据的采集与分析,以便对协调控制的效果做出准确、全面的评估。

5.1 实验定位与目标

干线绿波控制是交通信号协调控制最常见的一种形式。它把主干道上若干个相邻的交叉口协调起来进行控制,可以获得比较理想的交通控制效果。通过高效的干线绿波控制,沿着主干道行驶的车辆可以不停车地连续通过若干个交叉口,显著缩短车辆的延误时间和降低停车次数,提升主干道交通的服务水平,缓解主干道的交通压力,改善整个道路网络的运行效率。

本实验将构建一个包含三个交叉口的主干道系统的绿波控制仿真模型,说明如何运用 VISSIM 微观交通仿真软件实现对交叉口的协调控制。要求掌握设置信号控制机的关键参数,以便实现对交叉口的协调控制;同时复习和巩固与交通信号协调控制有关的理论、方法和技术,进一步巩固专业知识,培养工程实践能力。

通过开展干线绿波控制仿真,期望实现以下目标:能够熟练地运用路段与连接器搭建若干个相邻的干线道路平面交叉口仿真模型;能够熟练地运用绿波带、时空图、理想时差等有关理论与方法进行绿波控制方案的设计;能够熟练地创建信号控制机和信号灯头,并进行相关的参数设置,以便实现信号灯的协调控制仿真;能够熟练地进行交通组成、车辆输入与车辆路径的设置;能够运用"数据采集点"和"车辆出行时间测量"进行仿真评估设置,并对仿真结果进行科学全面的评价;能够在仿真评价的基础上,对原方案进行分析和改善。

5.2 实验情况与要求

5.2.1 实验情况

实验对象为三个相邻的十字形交叉口,如图5.1所示;实验仅考虑机动车辆的运行。主要道路世纪大道是城市主干道,双向六车道;与主干道相交的次要道路从西向东分别为和谐路、正义路和平安路,它们都是双向四车道。主干道的三个交叉口世纪大道—和谐路、世纪大道—正义路和世纪大道—平安路两两相距300 m。交叉口的主要几何设计参数如表5.1、表5.2和表5.3所示。

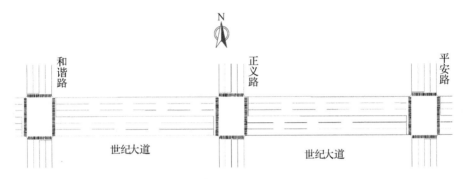

图5.1　信号协调控制交叉口空间位置示意图

表5.1　世纪大道与和谐路交叉口几何设计参数

道路名称	交通设施	数量/条	宽度/m	长度/m
世纪大道	东进口道	3	3.75	80
	东进口道上游	3	3.75	220
	西进口道	3	3.75	80
	西进口道上游	3	3.75	70
和谐路	南进口道	2	3.5	60
	南进口道上游	2	3.5	50
	北进口道	2	3.5	60
	北进口道上游	3	3.5	50

表 5.2 世纪大道与正义路交叉口几何设计参数

道路名称	交通设施	数量/条	宽度/m	长度/m
世纪大道	东进口道	3	3.75	80
	东进口道上游	3	3.75	220
	西进口道	3	3.75	80
	西进口道上游	3	3.75	220
正义路	南进口道	2	3.5	60
	南进口道上游	2	3.5	50
	北进口道	2	3.5	60
	北进口道上游	3	3.5	50

表 5.3 世纪大道与平安路交叉口几何设计参数

道路名称	交通设施	数量/条	宽度/m	长度/m
世纪大道	东进口道	3	3.75	80
	东进口道上游	3	3.75	70
	西进口道	3	3.75	80
	西进口道上游	3	3.75	220
平安路	南进口道	2	3.5	60
	南进口道上游	2	3.5	50
	北进口道	2	3.5	60
	北进口道上游	3	3.5	50

5.2.2 实验要求

根据所提供的实验道路交通信息，对道路交叉口车道转向等交通组织形式进行设计，根据交通控制相关的理论知识，进行干线协调相位设计和信号配时计算，应用 VISSIM 仿真软件对是否采用协同信号配时等不同方案进行仿真评价的具体要求如下：(1) 依据给定的道路条件和交通条件进行交通组织，决定交叉口进口道每个车道的行驶方向。(2) 根据交通控制的理论知识，进行相位的设计和信号配时的计算，确定信号协调控制系统的周期和时差，同时确定机动车辆在两个交叉口之间的路段上运行时需要采取的最佳速度。(3) 建立信号协调控制的交通仿真。(4) 对所建立的仿真模型进行运行。(5) 分析评价指标，评价信号协调控制系统的服务水平。(6) 对交通组织方案、信号配时方案和信号协调控制方案进行优化。(7) 运行优化后的仿真模型。(8) 对比分析优化后的方案和原方案。

5.3 实验操作流程

分析该道路交通系统的道路设施和交通需求,可以考虑按照如下方法对三个交叉口进行交通组织:东进口道与西进口道的三条车道由外向里分别为右转与直行合用车道、直行车道、左转车道。南进口道与北进口道的两条车道由外向里分别为右转与直行合用车道、左转与直行合用车道。

根据上述交通组织,以世纪大道与和谐路交叉口为例说明主要操作流程。

5.3.1 道路设施仿真

1) 路段

路段是构建道路交通系统基础设施仿真模型的基本单元,由路网对象"路段"予以实现,以世纪大道为例说明路段的构建过程。

(1) 在世纪大道西进口机动车左转车道、直行车道和右转与直行合用车道所在的位置,分别新建三条路段,其"名称"分别设置为"世纪大道—西进口道—机动车—左转"、"世纪大道—西进口道—机动车—直行"和"世纪大道—西进口道—机动车—右转与直行";"行为类型"皆设置为"城市道路(机动车道)";"车道数"设置为"1";"宽度"均设置为 3.75 m;"长度"设置为 80 m。

(2) 在世纪大道西进口机动车道的上游位置新建一条路段。"名称"设置为"世纪大道—西进口上游路段—机动车";"行为类型"设置为"城市道路(机动车道)";"车道数"设置为"3";"宽度"设置为 3.75 m;"长度"设置为 70 m。

(3) 在世纪大道西出口机动车道所在的位置新建一条路段。"名称"设置为"世纪大道—西出口道—机动车";"行为类型"设置为"城市道路(机动车道)";"车道数"设置为"3";"宽度"设置为 3.75 m;"长度"设置为 150 m。

(4) 在世纪大道东进口机动车左转车道、直行车道和右转与直行合用车道所在的位置,分别新建三条路段,其"名称"分别设置为"世纪大道—东进口道—机动车—左转"、"世纪大道—东进口道—机动车—直行"和"世纪大道—东进口道—机动车—右转与直行";"行为类型"皆设置为"城市道路(机动车道)";"车道数"设置为"1";"宽度"均设置为 3.75 m;"长度"设置为 80 m。

(5) 在世纪大道东进口机动车道的上游位置新建一条路段。"名称"设置为"世纪大道—东进口上游路段—机动车";"行为类型"设置为"城市道路

(机动车道)";"车道数"设置为"3";"宽度"设置为 3.75 m;"长度"设置为 220 m。

（6）在世纪大道东出口机动车道所在的位置新建一条路段。"名称"设置为"世纪大道—东出口道—机动车";"行为类型"设置为"城市道路(机动车道)";"车道数"设置为"3";"宽度"设置为 3.75 m;"长度"设置为 220 m。

经过以上步骤(1)~(6)的操作,建立起世纪大道路段模型。按照类似的方法,可以构建和谐路的路段仿真模型。所建立的路段仿真模型如图 5.2 所示。

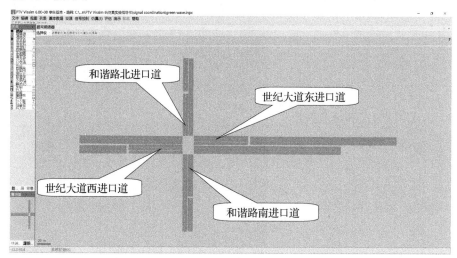

图 5.2　世纪大道与和谐路交叉口路段模型

2) 路段之间的连接

道路交通设施之间的联系将由"连接器"完成,包括以下两个连接:机动车进口道上游路段和进口道路段、机动车进口道路段和出口道路段。以世纪大道东段机动车进口道路段和其他出口道路段的连接为例,说明连接器的构建过程。

由世纪大道与和谐路交叉口各车道的空间分布可知,世纪大道东进口道左转机动车从左转车道驶出后最有可能选择的车道是和谐路南出口道的左侧机动车道(车道 2);世纪大道东进口道直行机动车从直行车道驶出后最有可能选择的车道是世纪大道机动车西出口道的中间机动车道(车道 2);世纪大道东进口道直行机动车从右转与直行合用车道驶出后最有可能选择的车道是世纪大道机动车西出口道的右侧机动车道(车道 1);世纪大道东进口道右转机动车从右转与直行合用车道驶出后最有可能选择的车道是和谐路机动车北出口道的右侧机动车道(车道 1)。根据上述分析,执行有关操作,连接机动车进口道路段和其他出口道路段,如图 5.3 所示。

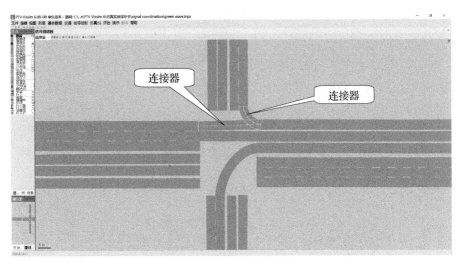

图 5.3　世纪大道东进口道机动车右转与直行合用车道的连接

3) 检查交叉口仿真模型

以上操作建立了世纪大道与和谐路交叉口各类道路交通设施的仿真模型。为了确保所建立的模型准确无误，需要进行全面的检查，主要内容包括以下两个方面：检查各个设施(路段)是否有遗漏的情况，各个设施的主要设计参数是否正确；检查设施之间的连接(连接器)是否有遗漏的情况，连接是否正确。为方便检查，可开启线框显示，如图 5.4 所示。

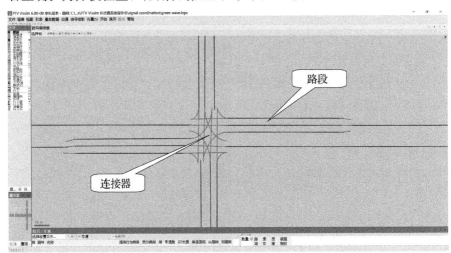

图 5.4　世纪大道与和谐路交叉口仿真模型线框显示

4) 路网仿真模型

以世纪大道与和谐路交叉口仿真模为基础，运用路段的复制、移动和属性编辑等操作创建其他相应的设施并修改其属性，然后用"连接器"连接相关的路段,可以方便快捷地搭建世纪大道与正义路交叉口和世纪大道与平安路交叉口的仿真模型。最终搭建成如图 5.5 所示的绿波协调控制路网仿真模型。

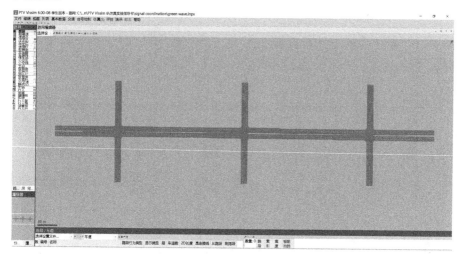

图 5.5　绿波协调控制路网仿真模型

5.3.2　控制措施仿真

1) 让行控制仿真

在 VISSIM 仿真系统中,可以运用"冲突区域"仿真彼此存在冲突关系的车辆在经过各类冲突点时的让行控制。以世纪大道与和谐路交叉口为例,说明让行控制仿真的主要步骤。假定交叉口采取了两相位的信号控制方式。主要冲突类型包括交叉冲突、分流冲突和合流冲突。以世纪大道与和谐路交叉口的交叉冲突点为例,说明主要操作步骤。

在世纪大道与和谐路交叉口,有八个交叉冲突点。它们分布在交叉口的内部,是直行与对向左转的交叉冲突,可以按照如下步骤进行设置:

(1) 设置连接器"西进口—东出口—直行—外侧车道"与连接器"东进口—南出口—左转"之间的冲突区域,将冲突区域的状态属性设置为"1 等待 2 先行"。

(2) 设置连接器"西进口—东出口—直行—中间车道"与连接器"东进口—南出口—左转"之间的冲突区域,将冲突区域的状态属性设置为"1 等待 2 先行"。

(3) 设置连接器"东进口—西出口—直行—外侧车道"与连接器"西进口—北出口—左转"之间的冲突区域,将冲突区域的状态属性设置为"2 等候

1先行"。

(4) 设置连接器"东进口—西出口—直行—中间车道"与连接器"西进口—北出口—左转"之间的冲突区域,将冲突区域的状态属性设置为"2等候1先行"。

以上操作设置了世纪大道交叉冲突点的让行控制仿真,设置效果如图5.6所示。

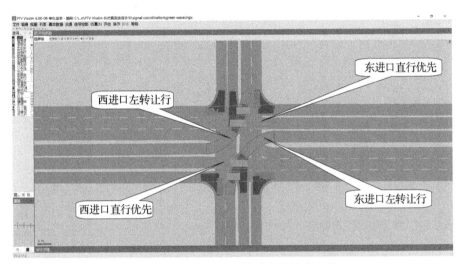

图 5.6　世纪大道交叉冲突点的仿真设置

(5) 设置连接器"南进口—北出口—直行—外侧车道"与连接器"北进口—东出口—左转"之间的冲突区域,将冲突区域的状态属性设置为"2等候1先行"。

(6) 设置连接器"南进口—北出口—直行—内侧车道"与连接器"北进口—东出口—左转"之间的冲突区域,将冲突区域的状态属性设置为"2等候1先行"。

(7) 设置连接器"北进口—南出口—直行—外侧车道"与连接器"南进口—西出口—左转"之间的冲突区域,将冲突区域的状态属性设置为"1等待2先行"。

(8) 设置连接器"北进口—南出口—直行—内侧车道"与连接器"南进口—西出口—左转"之间的冲突区域,将冲突区域的状态属性设置为"1等待2先行"。

以上操作设置了和谐路交叉冲突点的让行控制仿真,设置效果如图5.7所示。

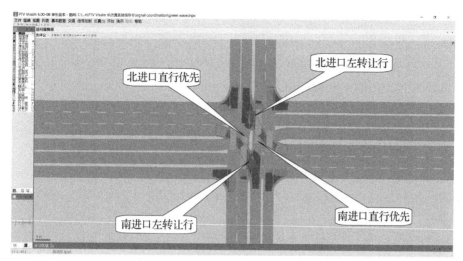

图 5.7　和谐路交叉冲突点的仿真设置

2）信号控制仿真

根据该系统的道路状况和交通状况可以看出,每个交叉口的交通流量都不是很大,因此不需要为左转车辆提供保护式的相位设计。可以设计一个两相位的信号控制方案即可满足要求。相位 1 为东西方向的直行、右转和左转,相位 2 为南北方向的直行、右转及左转,如图 5.8 所示。

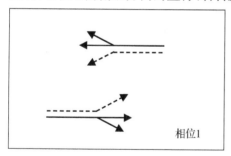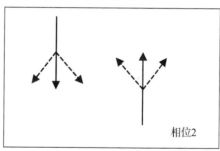

图 5.8　交通信号控制方案

经过分析,得到协调控制系统的信号周期为 60 s。以世纪大道与和谐路交叉口为例,信号配置参数如表 5.4 所示。将世纪大道与和谐路交叉口作为主交叉口,规定该交叉口的时差为 0 s;参照车辆的期望速度,初步拟定世纪大道与正义路交叉口和世纪大道与平安路交叉口的时差分别为 20 s 和 40 s。

表 5.4　交叉口信号灯组的主要参数

信号灯组	红灯 1(结束)/s	绿灯 1(结束)/s	黄灯/s
东西方向	0	30	3
南北方向	35	55	3

以世纪大道与和谐路交叉口为例,说明信号控制仿真模型的构建步骤如下:

(1) 新建信号控制机,将其"名称"设置为"世纪大道与和谐路交叉口",将其"类型"设置为"定时"。

(2) 打开信号控制编辑器,新建两个信号灯组,并将其"名称"分别设置为"世纪大道与和谐路交叉口—东西方向"和"世纪大道与和谐路交叉口—南北方向",默认的序列设置为"红—绿—黄"。

(3) 新建"信号配时方案 1",将其周期时间设置为 60 s,时差设置为 0 s,并按照表 5.4 中的参数编辑各个信号灯组的属性,形成如图 5.9 所示的参数设置。

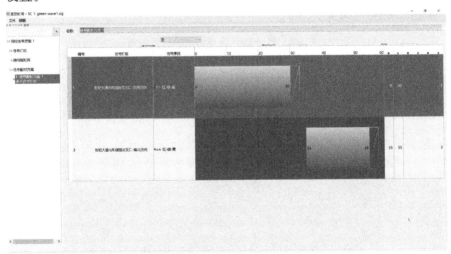

图 5.9 世纪大道与和谐路交叉口信号配时参数的设置

(4) 单击用户界面左侧"路网对象"栏中的"信号灯头"按钮。在路段"世纪大道—西进口道—机动车—左转"的车道 1 上停车线所在位置添加一个信号灯头,"名称"设置为"西进口";"信号控制机"设置为"1";"信号灯组"设置为"1"。复制该信号灯头,并将其放置在路段"世纪大道—西进口道—机动车—直行"的车道 1 上停车线所在位置;复制该信号灯头,并将其放置在连接器"西进口—东出口—直行—机动车—外侧车道"的车道 1 上停车线所在位置。以同样的方式分别在该交叉口的东进口三条车道的停车线所在位置放置三个信号灯头,"名称"设置为"东进口";"信号控制机"设置为"1";"信号灯组"设置为"1"。

(5) 在路段"和谐路—南进口道—机动车—左转与直行"的车道 1 上停车线所在位置添加一个信号灯头,"名称"设置为"南进口";"信号控制机"设置为"1";"信号灯组"设置为"2"。复制该信号灯头,并将其放置在连接器

"南进口—北出口—直行—机动车—外侧车道"的车道1上停车线所在位置。以同样的方式分别在该交叉口的北进口两条车道的停车线所在位置放置两个信号灯头,"名称"设置为"北进口";"信号控制机"设置为"1";"信号灯组"设置为"2"。

上述操作建立了世纪大道与和谐路交叉口信号控制仿真模型,如图5.10所示。以同样的方法,分别建立世纪大道与正义路交叉口和世纪大道与平安路交叉口的信号控制仿真模型。

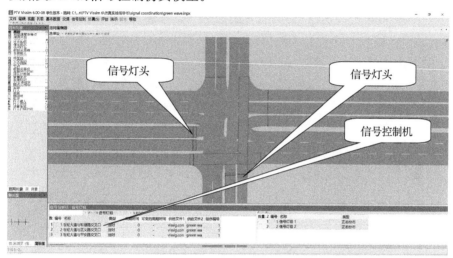

图5.10 世纪大道与和谐路交叉口信号控制仿真模型

5.3.3 车辆仿真

为了对车辆进行仿真,首先需要定义车辆的期望速度,然后定义车辆组成,进行车辆的输入,最后设置车辆的路径。这里需要注意的是,不管是主要道路还是次要道路,直行车辆在交叉口进口道都可以使用两条车道,因此有两条路径直行通过交叉口;在设置直行车辆的路径时,必须根据等饱和度原则明确两条直行路径的相对车流。以世纪大道与和谐路交叉口西进口为例,说明车辆仿真的主要操作步骤:

1) 在主菜单栏依次点击"基本数据"、"分布"和"期望速度",打开"期望速度—分布"列表。在列表内分别新建三个期望速度分布,其编号分别为"1007""1008"和"1009"。将其名称分别设置为"小汽车"和"大型客车",其下限值和上限值分别设置为:45和55与40和50。

2) 在主菜单栏依次点击"交通"和"车辆组成",打开"车辆构成/车辆构成的相对流量"列表。在列表内新建车辆构成,其名称为"世纪大道与和谐路交叉口—机动车—西进口",车辆构成为小汽车和大型客车,这两种车型的期望速度分布设置为"1008：小汽车"和"1009：大型客车"，将两种车型的相对车流设置为"95"和"5"。

3) 单击用户界面左侧"路网对象"栏中的"车辆输入"按钮（文字"车辆输入"所在位置）。在路段"世纪大道—西进口上游路段—机动车"添加车辆输入，将其名称设置为"世纪大道与和谐路交叉口—机动车—西进口"，车辆构成设置为"3：世纪大道与和谐路交叉口—机动车—西进口"，流量设置为"850"。

4) 单击用户界面左侧"路网对象"栏中的"车辆路径"按钮（文字"车辆路径"所在位置）；在主菜单栏依次点击"列表"、"私人交通"、"路径"和"静态路径决策"，打开"静态车辆路径决策点/静态车辆路径"列表。在路段"世纪大道—西进口上游路段—机动车"添加静态车辆路径决策点，将其名称设置为"世纪大道与和谐路交叉口—机动车—西进口"；分别以路段"世纪大道—东出口道—机动车"、路段"和谐路—南出口道—机动车"和路段"和谐路—北出口道—机动车"为目的地路段设置四条静态车辆路径，路径的名称分别设置为"直行—内侧"、"直行—外侧"、"右转"和"左转"，路径的相对车流分别设置为"408"、"306"、"85"和"51"，设置效果如图 5.11 所示。

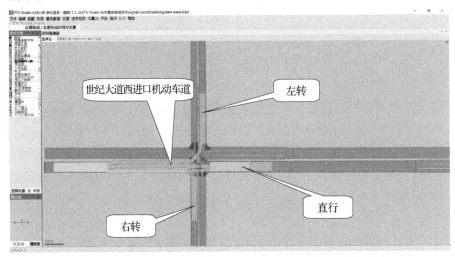

图 5.11　世纪大道与和谐路交叉口西进口机动车路径的设置

5.4　实验结果分析

通过对道路设施、交通控制措施以及车辆的仿真，建立起交通信号协调控制系统完整的仿真模型。可以运行该模型，并观察仿真车辆的运行状况,获得初步的主观评价。为了更加客观准确地评估系统的服务水平和运行状况,发现问题和优化绿波控制方案,需要采集有关车辆运行状况的数据。

1) 数据采集点

鉴于该交叉口采取了信号控制,红灯期间到达进口道的车辆需要在停车线之前停车等待;因此,评估服务水平和运行状况的关键在于分析车辆在停车线之前的排队延误情况,可以通过设置数据采集设施收集相关数据。以世纪大道与和谐路交叉口为例,说明主要的操作步骤。

(1) 单击用户界面左侧"路网对象"栏中的"数据采集点"按钮(文字"数据采集点"所在位置)。在路段"世纪大道—西进口道—机动车—左转"的车道1上停车线所在位置添加一个数据采集点,其名称设置为"机动车—西进口—左转";在路段"世纪大道—西进口道—机动车—直行"的车道1上停车线所在位置添加一个数据采集点,其名称设置为"机动车—西进口—直行";在路段"世纪大道—西进口道—机动车—右转与直行"的车道1上停车线所在位置添加一个数据采集点,其名称设置为"机动车—西进口—右转与直行"。

(2) 在路段"世纪大道—东进口道—机动车—左转"的车道1上停车线所在位置添加一个数据采集点,其名称设置为"机动车—东进口—左转";在路段"世纪大道—东进口道—机动车—直行"的车道1上停车线所在位置添加一个数据采集点,其名称设置为"机动车—东进口—直行";在路段"世纪大道—东进口道—机动车—右转与直行"的车道1上停车线所在位置添加一个数据采集点,其名称设置为"机动车—东进口—右转与直行"。

(3) 在路段"和谐路—南进口道—机动车—左转与直行"的车道1上停车线所在位置添加一个数据采集点,其名称设置为"机动车—南进口—左转与直行";在路段"和谐路—南进口道—机动车—右转与直行"的车道1上停车线所在位置添加一个数据采集点,其名称设置为"机动车—南进口—右转与直行"。

(4) 在路段"和谐路—北进口道—机动车—左转与直行"的车道1上停车线所在位置添加一个数据采集点,其名称设置为"机动车—北进口—左转与直行";在路段"和谐路—北进口道—机动车—右转与直行"的车道1上停车线所在位置添加一个数据采集点,其名称设置为"机动车—北进口—右转与直行"。

以上操作在世纪大道与和谐路交叉口进口道各条车道的适当位置设置了数据采集点,如图5.12所示。在此基础上,可以进行数据采集设施的设置。

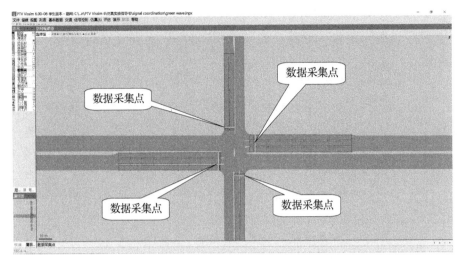

图 5.12　世纪大道与和谐路交叉口进口道数据采集点仿真评估设施的设置

2) 车辆出行时间测量

为了更好地分析协调控制的效果,还需要在主干路世纪大道上采集交通运营状况的数据,用于分析主干路上直行车辆的主要评估指标,从而对干线绿波控制仿真的实验结果做出准确的分析和判断。可以考虑在世纪大道上设置车辆出行时间测量仿真评估设施,以实现上述目标。具体操作步骤如下:

(1) 单击用户界面左侧"路网对象"栏中的"车辆出行时间",进入车辆出行时间测量的编辑状态。

(2) 在世纪大道自西向东方向的上游路段点击鼠标右键,在弹出的菜单中选择"添加车辆出行时间测量"。在鼠标点击处出现一条淡红色的线条,它代表着车辆出行时间测量的起始断面。

(3) 在路段或连接器上方移动光标,则在光标的下方出现一条淡绿色的线条,随着光标的移动而移动。在世纪大道自西向东方向的下游路段点击鼠标左键,淡绿色的线条将停留在点击处,代表着车辆出行时间测量的结束断面。将其距离属性设置为 940。

(4) 按照上述步骤(2)和步骤(3),在世纪大道设置自东向西方向车辆出行时间测量的起始断面和结束断面;将其距离属性设置为 940。

上述操作所建立的两个方向的世纪大道车辆出行时间测量仿真评估设施如图 5.13 所示。可以在此基础上,进行延误测量的设置。

3) 仿真数据分析

仿真结束后,对"数据采集评价—结果"列表中的数据进行处理和分析,得到车辆在三个交叉口进口道的平均排队延误时长,如图 5.14 和图 5.15 所示。分析图中的数据可知,该干线绿波控制系统的总体运行状况良好,除了

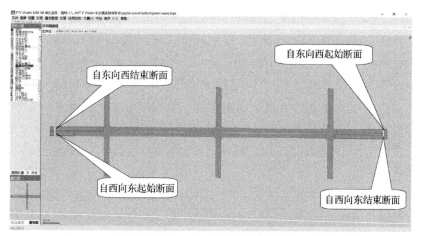

图 5.13　世纪大道车辆出行时间测量仿真评估设施的设置

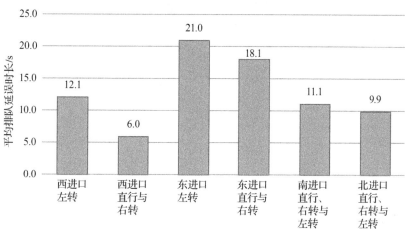

图 5.14　世纪大道与和谐路交叉口进口道各车道组平均排队延误时长

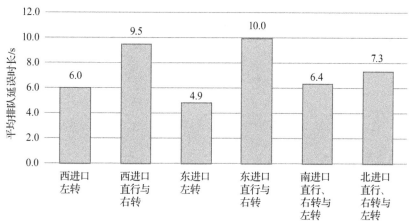

图 5.15　世纪大道与正义路交叉口进口道各车道组平均排队延误时长

5　干线绿波控制仿真实验　089

个别进口道的车道组外,平均排队延误大都处在比较低的水平。根据《道路通行能力手册》有关机动车服务水平的评价标准,大部分交叉口进口道车道组的服务水平达到了非常高的水平,属于 A 级或者 B 级服务水平。

分析图 5.14 中的数据可知,世纪大道与和谐路交叉口达到了比较高的服务水平。其中,东进口左转车道组达到了 C 级服务水平。西进口左转、东进口直行与右转、南进口直行、右转与左转等三个车道组达到了 B 级服务水平。西进口直行与右转以及北进口直行、右转与左转两个车道组达到了 A 级服务水平。

分析图 5.15 中的数据可知,世纪大道与正义路交叉口各车道组平均排队延误时长比较均衡,都在 10 s 及以下,达到了非常理想的 A 级服务水平。东进口左转车道组的延误时长最低,为 4.9 s。其次是西进口左转车道组,为 6 s;接下来是南进口直行、右转与左转车道组,为 6.4 s。东进口直行与右转车道组的延误最高,为 10 s。

分析图 5.16 中的数据可知,世纪大道与平安路交叉口进口道各车道组平均排队延误时长有着比较大的波动。其中,西进口直行与右转车道组和南进口直行、右转与左转车道组平均排队延误略高于 10 s,处于 B 级服务水平。西进口左转、东进口左转、东进口直行与右转以及北进口直行、右转与左转等四个车道组的平均排队延误都小于 10 s,处于 A 级服务水平。

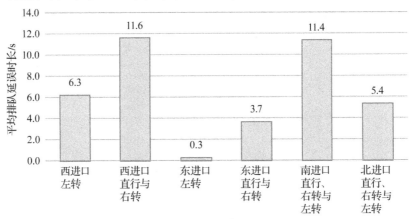

图 5.16 世纪大道与平安路交叉口进口道各车道组平均排队延误时长

仿真结束后,分别对"延误—结果"列表和"车辆出行时间结果"列表中的数据进行处理,得到世纪大道直行车辆连续通过三个交叉口的主要评估指标:延误、停车次数、行程时间和行程速度,如图 5.17 所示。分析这些指标可知,世纪大道整体运行状况良好;干线绿波控制方案对改善主干道的运行有比较好的效果,但仍然有进一步改进的空间。

分析图 5.17 中的数据可知,该干线绿波控制系统的总体运行状况良好,从西向东方向和从西向东方向都有比较好的表现。在 940 m 的测量空间内,两个测量方向的平均延误不超过 36 s,平均停车次数最高为 1.65 次,行程时间不超过 105 s,行程速度在 30 km/h 以上。此外,图中的数据表明,无论是延误、停车次数、行程时间还是行程速度,自西向东方向的指标都显著地优于自东向西方向,因此,协调控制方案还有进一步改善的空间。在两个方向的交通量差别不大的情况下,可以考虑进一步优化自东向西方向的协调控制,使得两个方向的指标达到比较均衡的状态,更好地体现交通资源分配的公平与正义原则。

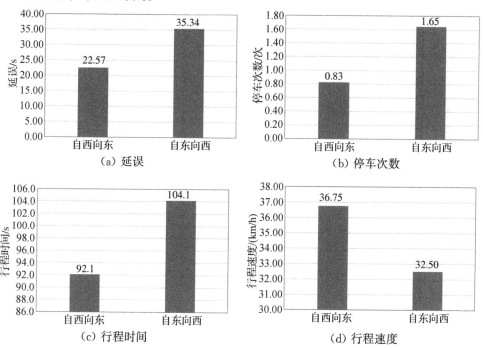

图 5.17 世纪大道整体运行状况仿真评估结果分析

5.5 小结与思考

本实验以沿着主干道排列的三个相邻的十字形交叉口所构成的道路交通系统的绿波控制为例,说明如何运用微观交通仿真软件搭建协调控制的仿真模型。实验给出了所搭建模型的主要状况。实验操作主要包括了道路设施仿真、控制措施仿真和车辆的仿真。道路设施仿真主要是运用 VISSIM 的路网对象"路段和连接器"构建交叉口进口道的各条车道、出口道的车道以及进口道上游路段的车道,并把相邻路段的车道用连接器连接起来。让行控制的仿真主要是运用"冲突区域"仿真车辆在冲突点的相互避让。运用"信号控制机"设置信号控制方案,运用"信号灯头"仿真交通信号灯依据信号控制方案实现对车辆的交通控制。交通需求可以通过车辆的仿真予以实现。在停车线的位置设置数据采集点收集相关数据,用于分析车辆在停车线之前的排队延误,并全面评估交叉口的各车道组、各进口道和整个交叉口的服务水平。此外,还可以在主干路上设置车辆出行时间测量,便于分析直行车辆在主干路上的运行状况。

请根据本章的内容,思考以下问题:

1) 对于两相位的信号控制方案,在建立信号控制仿真模型时,如何设置右转与直行车道的信号灯头,以便于仿真右转车辆在红灯期间的通行?

2) 在实验的过程中,改变大型车的比例,分析大型车比例对干线绿波控制的影响。

3) 在实验的过程中,改变次要道路在交叉口的左转比例,分析其变化对干线绿波控制的影响。

4) 在实验的过程中,改变次要道路在交叉口的右转比例,分析其变化对干线绿波控制的影响。

5) 在车辆期望速度的均值不变的情况下,扩大车辆期望速度分布区间,分析车辆期望速度分布区间的这种变化对干线绿波控制的影响。

6 公交专用道设计仿真实验

第 6 章 PPT

第 6 章彩图

第 6 章任务书和数据库

公交专用道的设置是公交优先政策的主要表现形式之一，对于改善公交服务水平以及促进交通领域的公平和正义有重要的意义。本章以一条双向行驶的路段为例，说明如何根据公交专用道的设计进行仿真模型的搭建，以及如何进行仿真数据的采集与分析，以便对公交专用道设计方案的作用进行正确的评估。

6.1 实验定位与目标

公交专用车道是指在城市道路上通过特定的交通标志、标线或其他隔离设施将其中一条或多条车道分隔出来，仅供公共汽车在全天或一天中的某一时段使用，而社会车辆（特殊车辆如消防车、救护车、警车等除外）在该时段内禁止使用。公交专用道是实施路段公交优先通行的技术措施，可以有效改善公交车辆的服务水平，提升公交出行在公众中的接受程度，从而吸引更多的出行者使用公交出行；这不仅可以提高道路交通系统的效率，还能实现节能减排的环保目标以及促进交通系统的可持续发展，具有重要的社会经济意义。

本实验将构建由一条路段及其两个边界交叉口所组成的道路系统的仿真模型，说明如何运用 VISSIM 微观交通仿真软件实现对公交专用道及其相关道路交通设施的仿真。实验要求掌握如何综合运用多种路网对象创建公交专用道、公交车站和公交线路，以便实现对公交专用道设计方案的仿真；同时复习和巩固与公交专用道设计有关的理论、方法和技术，进一步巩固专业知识，培养工程实践能力。

通过开展公交专用道设计仿真，期望实现以下目标：能够熟练地运用路段与连接器搭建路段与交叉口、公交专用道；能够熟练地创建公交车站，并进行关键参数的设置；能够熟练地进行公交线路的创建与设置；能够熟练地设置冲突区域，创建并设置信号控制机和信号灯头；能够熟练地进行交通组成、车辆输入与车辆路径的设置；能够运用与评估有关的路网对象进行仿真评估设置，并对仿真结果进行科学全面的评价；能够在仿真评价的基础上对原方案进行分析和改善。

6.2 实验情况与要求

6.2.1 实验情况

实验对象为一条双向行驶的路段及其边界交叉口,如图 6.1 所示;实验仅考虑机动车辆的运行。主要道路彩虹大道是城市主干道,双向六车道;边界交叉口由主干道彩虹大道分别与两条支路健康路和兰园路相交而成。可考虑将彩虹大道的外侧车道作为公交专用道。两个边界交叉口的距离为 500 m。交叉口的主要几何设计参数如表 6.1 和表 6.2 所示。

图 6.1 路段与边界交叉口空间位置示意图

表 6.1 彩虹大道与健康路交叉口几何设计参数

道路名称	交通设施	数量/条	宽度/m	长度/m
彩虹大道	东进口道	3	3.75	80
	东进口道上游	3	3.75	420
	西进口道	3	3.75	80
	西进口道上游	3	3.75	70
健康路	南进口道	2	3.5	60
	南进口道上游	2	3.5	50
	北进口道	2	3.5	60
	北进口道上游	3	3.5	50

表 6.2 彩虹大道与兰园路交叉口几何设计参数

道路名称	交通设施	数量/条	宽度/m	长度/m
彩虹大道	东进口道	3	3.75	80
	东进口道上游	3	3.75	70
	西进口道	3	3.75	80
	西进口道上游	3	3.75	420
兰园路	南进口道	2	3.5	60
	南进口道上游	2	3.5	50
	北进口道	2	3.5	60
	北进口道上游	3	3.5	50

6.2.2 实验要求

根据所提供的实验路段道路交通信息,分析公交专用道设置的可行性,并进行相应的方案设计,具体的设计内容包括但不限于以下几个方面:道路横断面优化设置、路段公交停靠站设计、公交专用道与交叉口进口道衔接设计等。应用 VISSIM 仿真软件,选取合适评价指标,对是否设置公交专用道等多种方案进行仿真评价分析,从而选出最优设计方案,具体要求如下:(1) 依据给定的道路、交通条件,根据有关理论对该路段公交专用道设置与否进行分析判断;(2) 按照设置公交专用道的方案进行路段横断面优化设计(可采取 VISSIM 直接建立路段模型的形式进行相关设计);(3) 根据交通控制的理论知识,进行相位的设计和信号配时的计算;(4) 针对公交专用道方案进行详细设计,包括路段公交停靠站设计、公交专用道与交叉口进口道衔接设计等;(5) 应用 VISSIM 仿真软件对是否设置公交专用道两种方式进行仿真,建立仿真模型;(6) 分析反映车辆运行状况的仿真数据,开展仿真评价。

6.3 实验操作流程

将彩虹大道的外侧车道设置为公交专用道,社会车辆使用中间车道和内侧车道。在两个边界交叉口,为方便社会车辆的通行,设置公交车回授区。为分析该道路交通系统的道路设施和交通需求,可以考虑按照如下方法对两个交叉口进行交通组织:东进口道与西进口道的三条车道由外向里分别为右转与直行合用车道,直行车道,左转车道。南进口道与北进口道的两条车道由外向里分别为右转与直行合用车道,左转与直行合用车道。

根据上述交通组织,以彩虹大道与健康路交叉口为例说明主要操作流程。

6.3.1 道路设施仿真

1) 路段

以彩虹大道与健康路交叉口为例说明路段、交叉口以及公交专用道等各种道路设施的构建过程。

(1) 在彩虹大道西进口机动车左转车道、直行车道和右转与直行合用车道所在的位置,分别新建三条路段。其"名称"分别设置为"彩虹大道—西进口道—机动车—左转"、"彩虹大道—西进口道—机动车—直行"和"彩虹大道—西进口道—机动车—右转与直行";"行为类型"皆设置为"城市道路(机动车道)";"车道数"设置为"1";"宽度"均设置为 3.75 m。通过拖动每条路段的终端圆点,将其长度设置为 80 m。

(2) 在彩虹大道西进口机动车道的上游位置,新建一条路段。"名称"设置为"彩虹大道—西进口上游路段—机动车";"行为类型"设置为"城市道路(机动车道)";"车道数"设置为"3";"宽度"设置为 3.75 m。通过拖动路段的终端圆点,将其长度设置为 70 m。

(3) 在彩虹大道西出口机动车道所在的位置,新建一条路段。"名称"设置为"彩虹大道—西出口道—机动车";"行为类型"设置为"城市道路(机动车道)";"车道数"设置为"3";"宽度"设置为 3.75 m。通过拖动路段的终端圆点,将其长度设置为 150 m。

(4) 在彩虹大道东进口机动车左转车道、直行车道和右转与直行合用车道所在的位置,分别新建三条路段。其"名称"分别设置为"彩虹大道—东进口道—机动车—左转"、"彩虹大道—东进口道—机动车—直行"和"彩虹大道—东进口道—机动车—右转与直行";"行为类型"皆设置为"城市道路(机动车道)";"车道数"设置为"1";"宽度"均设置为 3.75 m。通过拖动每条路段的终端圆点,将其长度设置为 80 m。

(5) 在彩虹大道东进口机动车道的上游位置外侧,新建一条路段。"名称"设置为"彩虹大道—东进口上游路段—机动车—公交专用";"行为类型"设置为"城市道路(机动车道)";"车道数"设置为"1";"宽度"设置为 3.75 m。通过拖动路段的终端圆点,将其长度设置为 420 m。

(6) 在路段"彩虹大道—东进口上游路段—机动车—公交专用"的里侧,新建一条路段。"名称"设置为"彩虹大道—东进口上游路段—机动车";"行为类型"设置为"城市道路(机动车道)";"车道数"设置为"2";"宽度"设置为 3.75 m。通过拖动路段的终端圆点,将其长度设置为 420 m。

(7) 在彩虹大道东出口的外侧,新建一条路段。"名称"设置为"彩虹大道—东出口道—机动车—公交专用";"行为类型"设置为"城市道路(机动车道)";"车道数"设置为"1";"宽度"设置为 3.75 m。通过拖动路段的终端圆点,将其长度设置为 420 m。

(8) 在路段"彩虹大道—东出口道—机动车—公交专用"的里侧,新建一条路段。"名称"设置为"彩虹大道—东出口道—机动车";"行为类型"设置为"城市道路(机动车道)";"车道数"设置为"2";"宽度"设置为 3.75m。通过拖动路段的终端圆点,将其长度设置为 420 m。

经过以上步骤(1)～(8)的操作,建立起彩虹大道路段模型。按照类似方法,设置健康路仿真模型;最终形成彩虹大道与健康路交叉口路段模型,如图 6.2 所示。

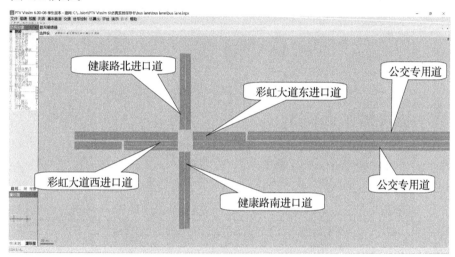

图 6.2 彩虹大道与健康路交叉口路段模型

2) 路段之间的连接

道路交通设施之间的联系将由"连接器"完成,包括以下两个方面:机动车进口道上游路段和进口道路段,机动车进口道路段和出口道路段。以彩虹大道西进口道机动车直行车道的连接为例,说明主要设置步骤。

彩虹大道西进口道直行机动车从直行车道驶出后最有可能选择的车道是彩虹大道机动车东出口道的内侧机动车道(车道 2);彩虹大道西进口道直行机动车从右转与直行合用车道驶出后最有可能选择的车道是彩虹大道机动车东出口道的外侧机动车道(车道 1)。根据上述分析,执行以下操作:

将路段"彩虹大道—西进口道—机动车—直行"的车道 1 连接路段"彩虹大道—东出口道—机动车"的车道 2,连接器的名称设置为"西进口—东出口—直行—机动车—内侧车道"。将路段"彩虹大道—西进口道—机动车—右转与直行"的车道 1 连接路段"彩虹大道—东出口道—机动车"的车道 1,连接器的名称设置为"西进口—东出口—直行—机动车—外侧车道"。上述操作所构建的模型如图6.3所示。

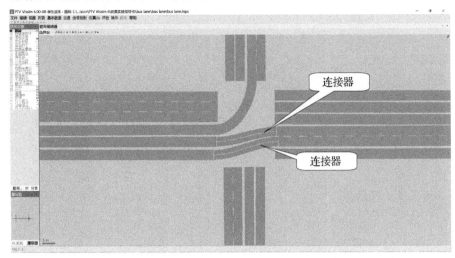

图6.3 彩虹大道西进口道机动车直行车道的连接

3）检查交叉口仿真模型

以上操作建立了彩虹大道与健康路交叉口各类道路交通设施的仿真模型。为了确保所建立的模型准确无误，需要进行全面的检查，主要检查内容包括以下两个方面：检查各个设施（路段）是否有遗漏的情况，各个设施的主要设计参数是否正确；检查设施之间的连接（连接器）是否有遗漏的情况，连接是否正确。为方便检查，可开启线框显示，如图6.4所示。

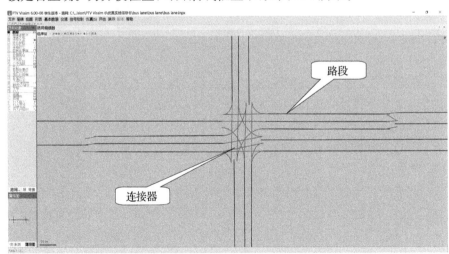

图6.4 彩虹大道与健康路交叉口仿真模型线框显示

4）路网仿真模型

以彩虹大道与健康路交叉口仿真模为基础，运用路段的复制、移动和属性编辑等操作创建其他相应的设施并修改其属性,然后用"连接器"连接相关的路段,可以方便快捷地搭建该道路交通系统其他部分的仿真模型。最终搭建成如图 6.5 所示的具有公交专用道的道路交通系统仿真模型。

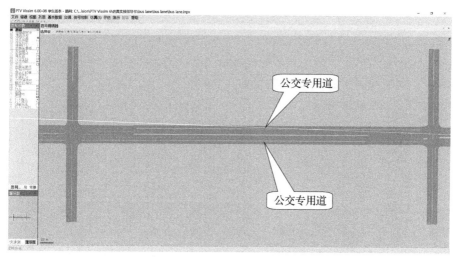

图 6.5　具有公交专用道的道路交通系统仿真模型

6.3.2　控制措施仿真

1) 让行控制仿真

在 VISSIM 仿真系统中,可以运用"冲突区域"仿真彼此存在冲突关系的车辆在经过各类冲突点时的让行控制。以彩虹大道与健康路交叉口的交叉冲突点为例,说明冲突点让行控制仿真设置方法。这里假定交叉口采取了两相位的信号控制。在彩虹大道与健康路交叉口,有九个交叉冲突点。它们分布在交叉口的内部,是直行与对向左转的交叉冲突。以西进口和东进口的五个交叉冲突点为例,说明主要的设置步骤:

(1) 设置连接器"西进口—东出口—直行—机动车—公交"与连接器"东进口—南出口—左转—机动车"之间的冲突区域,将冲突区域的状态属性设置为"1 等待 2 先行"。

(2) 设置连接器"西进口—东出口—直行—机动车—外侧车道"与连接器"东进口—南出口—左转—机动车"之间的冲突区域,将冲突区域的状态属性设置为"1 等待 2 先行"。

(3) 设置连接器"西进口—东出口—直行—机动车—内侧车道"与连接器"东进口—南出口—左转—机动车"之间的冲突区域,将冲突区域的状态属性设置为"1 等待 2 先行"。

(4)设置连接器"东进口—西出口—直行—机动车—外侧车道"与连接器"西进口—北出口—左转—机动车"之间的冲突区域,将冲突区域的状态属性设置为"2等候1先行"。

(5)设置连接器"东进口—西出口—直行—机动车—中间车道"与连接器"西进口—北出口—左转—机动车"之间的冲突区域,将冲突区域的状态属性设置为"2等候1先行"。

以上操作设置了彩虹大道与健康路交叉口西进口和东进口的五个交叉冲突点的让行控制仿真,设置效果如图6.6所示。

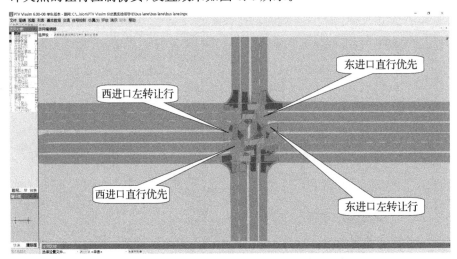

图 6.6　彩虹大道与健康路交叉口交叉冲突点的仿真设置

2) 信号控制仿真

以彩虹大道与健康路交叉口为例,说明信号控制仿真需要考虑的主要参数及其设置过程。根据该交叉口的道路状况和交通状况可以看出,进口道的交通流量都不是很大,因此不需要为左转车辆提供保护式的相位设计。可以设计一个两相位的信号控制方案即可满足要求。相位1为东西方向的直行、右转和左转,相位2为南北方向的直行、右转及左转,如图6.7所示。

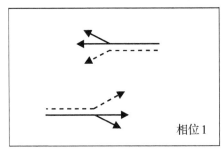
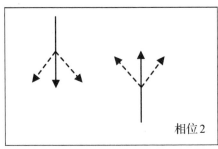

图 6.7　彩虹大道与健康路交叉口交通信号控制方案

彩虹大道与健康路交叉口信号周期为 60 s，相位 1（东西方向）绿灯显示时间 30 s；相位 2（南北方向）绿灯显示时间 20 s。关键参数取值见表 6.3。

表 6.3 彩虹大道与健康路交叉口信号灯组的主要参数

信号灯组	红灯 1（结束）/s	绿灯 1（结束）/s	黄灯/s
东西方向	0	30	3
南北方向	35	55	3

以彩虹大道与健康路交叉口为例，说明信号控制仿真模型的构建步骤：

(1) 新建信号控制机，将其"名称"设置为"彩虹大道与健康路交叉口"，将其"类型"设置为"定时"。

(2) 打开信号控制编辑器，新建两个信号灯组，并将其"名称"分别设置为"彩虹大道与健康路交叉口—东西方向"和"彩虹大道与健康路交叉口—南北方向"，默认的序列设置为"红—绿—黄"。

(3) 新建"信号配时方案 1"，将其周期时间设置为 60 s，并按照表 6.3 中的参数编辑各个信号灯组的属性，形成如图 6.8 所示的参数设置。

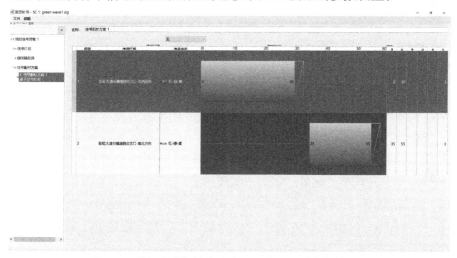

图 6.8 彩虹大道与健康路交叉口信号配时参数的设置

(4) 单击用户界面左侧"路网对象"栏中的"信号灯头"按钮。在路段"彩虹大道—西进口道—机动车—左转"的车道 1 上停车线所在位置添加一个信号灯头，"名称"设置为"西进口"，"信号控制机"设置为"1"，"信号灯组"设置为"1"；将该信号灯头复制三个，分别将其放置在路段"彩虹大道—西进口道—机动车—直行"的车道 1 停车线所在位置、连接器"西进口—东出口—直行—机动车—外侧车道"的车道 1 停车线所在位置和连接器"西进口—东出口—直行—机动车—公交"的车道 1 上停车线所在位置。

6 公交专用道设计仿真实验

(5) 以同样的方式分别在该交叉口的东进口、南进口和北进口的停车线所在位置放置信号灯头,并进行相应的设置。

上述操作建立了彩虹大道与健康路交叉口信号控制仿真模型,如图 6.9 所示。以同样的方法,建立彩虹大道与兰园路交叉口的信号控制仿真模型。

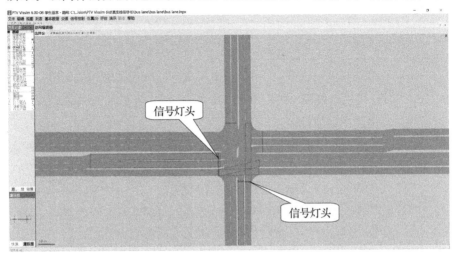

图 6.9 彩虹大道与健康路交叉口信号控制仿真模型

6.3.3 车辆仿真

为了对车辆进行仿真,首先需要定义车辆的期望速度,然后定义车辆组成进行车辆的输入,最后设置车辆的路径。这里需要注意的是,不管是主要道路还是次要道路,直行车辆在交叉口进口道都可以使用两条车道,因此有两条路径直行通过交叉口。以彩虹大道与健康路交叉口西进口为例,说明车辆仿真的主要操作步骤:

1) 打开"期望速度—分布"列表。在列表内分别新建两个期望速度分布,将其名称分别设置为"小汽车"和"大型客车",其下限值和上限值分别设置为 45 和 55 与 40 和 50。

2) 打开"车辆构成/车辆构成的相对流量"列表。在列表内分别新建车辆构成,其名称为"彩虹大道与健康路交叉口—机动车—西进口"。两种车型的期望速度分布设置为"1008:小汽车"和"1009:大型客车"。

3) 将车辆构成"彩虹大道与健康路交叉口—机动车—西进口"所包含两种车型(小汽车和大型客车)的相对车流设置为"95"和"5"。

4) 单击用户界面左侧"路网对象"栏中的"车辆输入"按钮。在路段"彩虹大道—西进口上游路段—机动车"添加车辆输入,将其名称设置为"彩虹大道与健康路交叉口—机动车—西进口",车辆构成设置为"3:彩虹大道与健康路交叉口—机动车—西进口",流量设置为"1105"。

5) 单击用户界面左侧"路网对象"栏中的"车辆路径"按钮;打开"静态车辆路径决策点/静态车辆路径"列表。在路段"彩虹大道—西进口上游路段—机动车"添加静态车辆路径决策点,将其名称设置为"彩虹大道与健康路交叉口—机动车—西进口";分别以路段"彩虹大道—东出口道—机动车"、路段"健康路—南出口道—机动车"以及路段"健康路—北出口道—机动车"为目的地路段设置四条静态车辆路径,路径的名称分别设置为"直行—内侧"、"直行—外侧"、"右转"和"左转",路径的相对车流分别设置为"408"、"306"、"85"和"51",设置效果如图 6.10 所示。

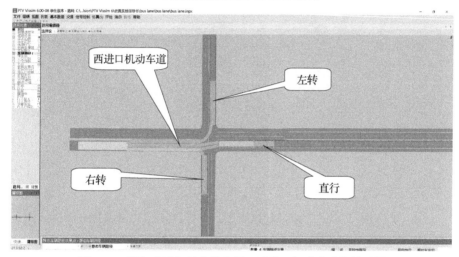

图 6.10　彩虹大道与健康路交叉口西进口机动车路径的设置

6) 公交车站仿真

考虑在彩虹大道公交专用道上设置港湾式公交车站,设置位置在路段的中间,长度为 30 m。可以按照如下步骤进行操作:

(1) 单击用户界面左侧"路网对象"栏中的"公交车站"按钮(文字"公交车站"所在位置),进入"公交车站"的设置和编辑状态。

(2) 在路段"彩虹大道—东进口上游路段—机动车—公交专用"的适当位置点击鼠标右键,在弹出的菜单中选择"添加公交车站";在弹出的对话框中,将名称设置为"彩虹大道公交车站—上行",将长度设置为 30 m。

(3) 在创建好的公交车站上面点击鼠标左键,将其选中;在选中的公交车站上方点击鼠标右键,在弹出的菜单中选择"创建港湾式车站"。

(4) 以同样的方式在路段"彩虹大道—东出口道—机动车—公交专用"上创建一个公交车站,并将名称设置为"彩虹大道公交车站—下行",将长度设置为 30 m。

上述操作在彩虹大道的公交专用道上建立了港湾式公交车站仿真模型，如图6.11所示。

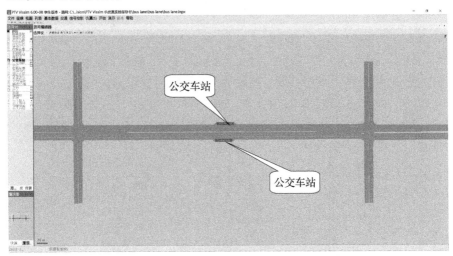

图6.11 公交专用道港湾式公交车站仿真模型

6.3.4 公交线路仿真

以彩虹大道自西向东方向的公交专用道公交线路的设置为例，说明公交线路仿真的主要步骤如下：

(1) 单击用户界面左侧"路网对象"栏中的"公交线路"按钮(文字"公交车站"所在位置)，进入"公交线路"的设置和编辑状态。

(2) 在路段"彩虹大道—西进口上游路段—机动车"点击鼠标左键，在该路段上方点击鼠标右键，在弹出的菜单中选择"添加公交线路"；则在路段的起点出现深蓝色线条，它代表了公交线路的起点；在光标的下方有一浅蓝色线条，它随着光标的移动而移动，代表了公交线路的目的地。

(3) 将光标移动到彩虹大道与兰园路交叉口的东出口道处，点击鼠标左键；在弹出的对话框中，将其名称设置为"1路"；对基础数据选项卡进行如下设置：车辆类型选择"300：大型客车"，期望速度分布选择"1009：大型客车"；在开始时间选项卡，通过点击鼠标右键新建5条记录，其发车属性分别设置为0、100、300、400和600。

(4) 以同样的方式，创建起始于彩虹大道与健康路交叉口西进口上游路段终止于彩虹大道与兰园路交叉口南出口道的公交线路，将其名称设置为"2路"；对基础数据选项卡进行如下设置：车辆类型选择"300：大型客车"，期望速度分布选择"1009：大型客车"；在开始时间选项卡，通过点击鼠标右键新建3条记录，其发车属性分别设置为：250、400和520。

(5) 以同样的方式,创建起始于彩虹大道与健康路交叉口南进口上游路段终止于彩虹大道与兰园路交叉口东出口道的公交线路。

以上操作建立了3条公交线路仿真模型;它们分布于彩虹大道自西向东方向的公交专用道及其周边道路设施,如图6.12所示。

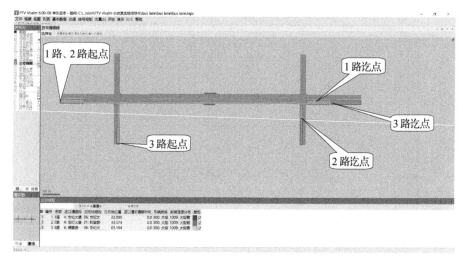

图 6.12　3 条公交线路的空间分布

在3条公交线路中,规划"1路"公交车需要停靠公交专用道旁边的港湾式公交车站,则需要继续进行如下设置:

(1) 打开"时间分布"列表;在列表内新建一个时间分布,编号为"2",类型为"经验分布",其下限值和上限值分别设置为 20 s 和 60 s。

(2) 以鼠标左键点击"1路"公交线路的讫点(浅蓝色线条),选中该公交线路(以橘红色显示);先按下"Ctrl"键,将光标移动在线路上并点击鼠标右键,在点击处出现圆形小点,此时可松开"Ctrl"键。

(3) 将光标移动到圆形小点的上方,当光标的右下方出现十字形图标时,按下鼠标左键并拖动鼠标,将圆形小点移动到公交站点"彩虹大道公交车站—下行",则"1路"公交线路将通过该公交站点。

(4) 将光标放置在公交站点"彩虹大道公交车站—下行"的上方,点击鼠标右键,在弹出的菜单中选择"编辑　公交线路1　公交车站2　通过1"。

(5) 在弹出的"公交线路车站"对话框中,对关键属性进行编辑:点击"激活的公交站点"属性,令其旁边的方框内打钩;对于"停留时间"属性,选择"分布",并在其右边的下拉式菜单中选择分布"2"。以上对话框设置如图 6.13 所示。

6　公交专用道设计仿真实验

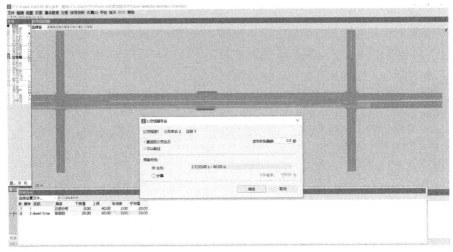

图 6.13 "公交线路车站"对话框

6.4 实验结果分析

6.4.1 仿真数据采集

为了准确地分析公交专用道的设计效果,需要在主干路彩虹大道上采集交通运营状况的数据,用于分析主干路上直行车辆的主要评估指标。可以考虑在彩虹大道上公交专用道及其邻接机动车道设置车辆出行时间测量仿真评估设施,以实现上述目标,具体操作步骤如下:

(1) 单击用户界面左侧"路网对象"栏中的"车辆出行时间,进入车辆出行时间测量的编辑状态。

(2) 在彩虹大道自西向东方向的路段"彩虹大道—东出口道—机动车"的起始端点击鼠标右键,在弹出的菜单中选择"添加车辆出行时间测量"。

(3) 在彩虹大道自西向东方向的路段"彩虹大道—东出口道—机动车"的终止端点击鼠标左键,淡绿色的线条将停留在点击处,代表着车辆出行时间测量的结束断面。将其距离属性设置为 410。

(4) 按照上述步骤(2)和步骤(3),分别在彩虹大道设置自西向东方向公交专用道的车辆出行时间测量的起始断面和结束断面,将其距离属性设置为 410。

(5) 按照上述步骤(2)和步骤(3),分别在彩虹大道设置自东向西方向的机动车道和公交专用道的车辆出行时间测量的起始断面和结束断面,将其距离属性设置为 410。

(6) 打开"延误测量"列表。在"延误测量"列表中新建 6 个延误测量,并设置与其名称相对应的车辆出行时间测量。

（7）打开"评估设置"对话框。编辑"结果特征属性"选项卡,对列表中的"车辆行程时间"和"延误"分别进行如下设置:"收集数据"属性打钩;"时间间隔"设置为"600"（单位:s）。

（8）打开"延误—结果"列表;在主菜单栏依次点击"评估"、"结果列表"和"车辆出行时间",打开"车辆出行时间结果"列表。

运行仿真模型,则在上述打开的列表中显示多项评价指标。上述操作所建立的两个方向的彩虹大道车辆出行时间测量仿真评估设施如图 6.14 所示。

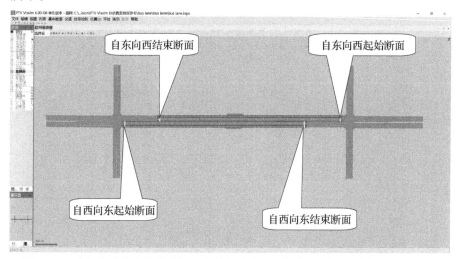

图 6.14 彩虹大道公交专用道及其邻接机动车道车辆出行时间测量仿真评估设施

6.4.2 仿真数据分析

实验构建了两种情形下的仿真模型。情形 1:1 路公交车在经过公交专用道时停靠公交车站,2 路公交车和 3 路公交车仅使用公交专用道但不停靠公交车站。情形 2:1 路、2 路和 3 路公交车都仅使用公交专用道但不停靠公交车站。仿真结束后,分别对"延误—结果"列表和"车辆出行时间结果"列表中的数据进行处理,得到彩虹大道公交车辆和机动车辆通过公交专用道和其毗邻机动车道的主要评估指标。无论是情形 1 和情形 2,公交专用道的公交车停车次数都是 0;在毗邻的机动车道上,情形 1 的停车次数是 0.04,情形 2 的停车次数是 0.15。因此,公交专用道的运行状况优于毗邻的机动车道。

对于情形 1,公交专用道上公交车的延误率高于毗邻机动车道上机动车,如图 6.15 所示。由于公交专用道上 1 路公交车需要停靠公交车站,由此带来较多的延误。受此影响,公交专用道上公交车辆的行程速度低于毗邻机动车道上机动车的行程速度,如图 6.16 所示。

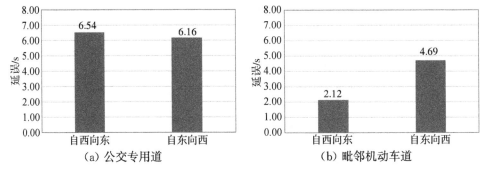

图 6.15　情形 1 彩虹大道车辆延误仿真评估结果分析

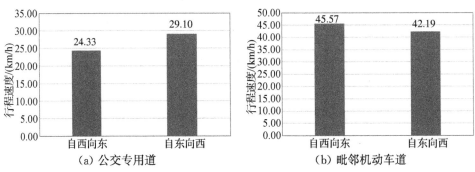

图 6.16　情形 1 彩虹大道车辆行程速度仿真评估结果分析

对于情形 2,公交专用道上的所有公交车辆都不停靠公交车站,因此公交专用道上的延误率得到了很大程度的降低。公交专用道上公交车的延误率显著地低于毗邻机动车道上机动车,如图 6.17 所示。与情形 1 相比,公交专用道上公交车辆的行程速度得到了比较明显的提升,和毗邻机动车道上机动车的行程速度非常接近,如图 6.18 所示。

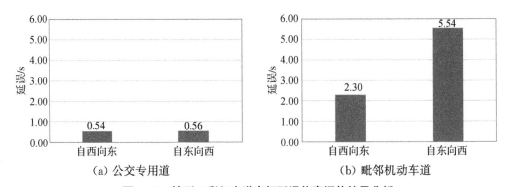

图 6.17　情形 2 彩虹大道车辆延误仿真评估结果分析

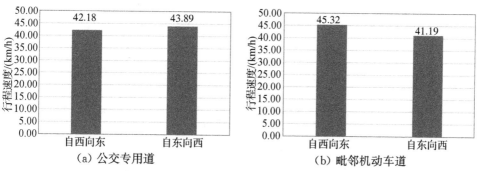

图 6.18　情形 2 彩虹大道车辆行程速度仿真评估结果分析

6.5　小结与思考

本实验以一条具有公交专用道的双向行驶的路段及其边界交叉口为例,说明如何运用微观交通仿真软件搭建公交专用道及其周边其他道路设施的仿真模型。实验给出了所搭建模型的主要状况。实验要求根据所给定的条件来逐步搭建、运行和分析公交专用道设计仿真模型,主要包括以下内容:公交专用道设置与否的分析与判断,路段横断面优化设计,交通信号相位的设计和信号配时的计算,公交专用道方案设计,仿真模型的建立,仿真评价。实验操作主要包括了道路设施仿真、控制措施仿真、车辆的仿真、公交车站仿真、公交线路仿真。在仿真模型搭建起来之后,采集仿真模型的运行数据,对仿真数据进行分析,以便于发现问题及优化方案。

请根据本章的内容,思考以下问题:

1) 在实验的过程中,改变公交线路的数量和发车频率,分析其对公交专用道及交叉口运行状况的影响。

2) 在实验的过程中,改变交叉口进口道的机动车交通,分析其对整个道路交通系统运行状况的影响。

3) 如果有公交车辆在上游交叉口左转弯进入公交专用道,如何在仿真模型的创建中进行有关路段的连接以及冲突点的仿真?

4) 如果公交专用道上有公交车辆在下游交叉口左转弯,如何在仿真模型的创建中进行有关路段的连接以及冲突点的仿真?

5) 考虑在交叉口设置公交专用进口道,在创建其仿真模型时需要注意的问题。

第7章 PPT

第7章 彩图

第7章 任务书和数据库

7 路边停车管理仿真实验

路边停车管理是交通管理的主要措施，对于提高道路的通行能力和改善交通拥堵有重要的作用。本章以一条路段及其两个边界交叉口所组成的道路系统为例，说明如何根据停车管理方案进行仿真模型的设置，以及如何进行仿真数据的采集与分析，以便对停车管理措施开展全面的评估。

7.1 实验定位与目标

车辆的停放是交通运输系统的重要组成部分。车辆出行数量和频率的增加会引发停车设施需求的增加，车辆出行的起点和终点的分布会影响停车设施的布局；而停车设施的数量、结构、布局和收费价格也会影响车辆出行的数量和频率，引起交通方式结构和交通流的时空分布的变化。面对车辆与停车设施之间复杂的相互作用关系，需要采取科学的手段进行停车交通管理。路边停车是指在城市机动车道（或非机动车道）的两侧或一侧划出若干路面供车辆停放的场所。路边停车场车辆存取方便，但是对城市机动车和非机动车交通的干扰较大，因此要求在停车带以外必须保留足够的道路宽度供各种车辆通行，并且通常车辆的停放仅限于短时。

本实验将构建由一条路段及其两个边界交叉口所组成的道路系统的仿真模型，说明如何运用 VISSIM 微观交通仿真软件实现对路边停车管理的仿真。要求掌握如何综合运用多种路网对象创建路段、交叉口和路边停车带，并对路边停车的关键参数进行正确的设置；同时复习与路边停车管理有关的理论、方法和技术，进一步巩固专业知识，培养工程实践能力。

通过开展路边停车管理仿真，期望实现以下目标：能够熟练地运用路段与连接器搭建路段与交叉口和路边停车带；能够熟练地设置冲突区域，熟练地创建并设置信号控制机和信号灯头；能够熟练地进行交通组成、车辆输入与车辆路径的设置；能够熟练地进行路内停车场和停车路径的设置；能够运用与评估有关的路网对象进行仿真评估设置，并对仿真结果进行科学全面的评价；能够在仿真评价的基础上，对原方案进行分析和改善。

7.2 实验情况与要求

7.2.1 实验情况

实验对象为一条双向行驶的路段及其边界交叉口,如图 7.1 所示。实验仅考虑机动车辆的运行。主要研究对象文昌街双向六车道;边界交叉口由文昌街分别与两条道路虎踞路和龙蟠路相交而成。可考虑将文昌街的外侧车道作为路边停车带。两个边界交叉口的距离为 400 m。交叉口的主要几何设计参数如表 7.1 和表 7.2 所示。

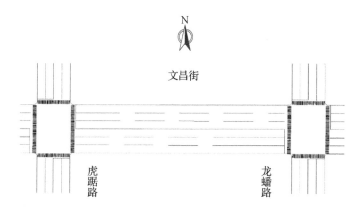

图 7.1 路段与边界交叉口空间位置示意图

表 7.1 文昌街与虎踞路交叉口几何设计参数

道路名称	交通设施	数量/条	宽度/m	长度/m
文昌街	东进口道	3	3.75	80
	东进口道上游	3	3.75	320
	西进口道	3	3.75	80
	西进口道上游	3	3.75	70
虎踞路	南进口道	2	3.5	60
	南进口道上游	2	3.5	50
	北进口道	2	3.5	60
	北进口道上游	3	3.5	50

表 7.2　文昌街与龙蟠路交叉口几何设计参数

道路名称	交通设施	数量/条	宽度/m	长度/m
文昌街	东进口道	3	3.75	80
	东进口道上游	3	3.75	70
	西进口道	3	3.75	80
	西进口道上游	3	3.75	320
龙蟠路	南进口道	2	3.5	60
	南进口道上游	2	3.5	50
	北进口道	2	3.5	60
	北进口道上游	3	3.5	50

7.2.2　实验要求

根据所提供的实验路段的道路交通信息,分析在文昌街设置路边停车带的可行性,并进行相应的方案设计,具体的设计包括以下内容:道路横断面的优化设置、路边停车带的设计、边界交叉口的交通组织以及交通信号控制方案设计等。应用 VISSIM 仿真软件,选取合适评价指标,对是否设置路边停车以及多个路边停车管理方案进行仿真评价分析,选出最优设计方案,具体要求如下:(1) 依据给定的道路、交通条件,根据有关理论对该路段路边停车带设置与否进行分析判断;(2) 进行路段横断面优化设计以及边界交叉口的交通组织设计;(3) 根据交通控制的理论知识,进行边界交叉口信号相位的设计和信号配时的计算;(4) 针对路边停车管理方案进行详细设计,包括路边停车带的位置和长度等;(5) 应用 VISSIM 仿真软件对多种路边停车管理方案进行仿真,建立仿真模型;(6) 分析反映车辆运行状况的仿真数据,开展仿真评价。

7.3　实验操作流程

分析该道路交通系统的道路设施和交通需求,可以考虑按照如下方法对两个边界交叉口进行交通组织:东进口道与西进口道的三条车道由外向里分别为右转与直行合用车道、直行车道和左转车道。南进口道与北进口道的两条车道由外向里分别为右转与直行合用车道和左转与直行合用车道。

根据上述交通组织,以文昌街与虎踞路交叉口为例说明主要操作流程。

7.3.1 道路设施仿真

1) 路段

路段是构建道路交通系统道路基础设施仿真模型的基本单元,由路网对象"路段"予以实现。以文昌街与虎踞路交叉口为例说明主要操作流程。

(1) 在文昌街西进口机动车左转车道、直行车道和右转与直行合用车道所在的位置,分别新建三条路段。"名称"分别设置为"文昌街—西进口道—机动车—左转"、"文昌街—西进口道—机动车—直行"和"文昌街—西进口道—机动车—右转与直行";"行为类型"皆设置为"城市道路(机动车道)";"车道数"设置为"1";"宽度"均设置为 3.75 m。通过拖动每条路段的终端圆点,将其长度设置为 80 m。

(2) 在文昌街西进口机动车道的上游位置,新建一条路段。"名称"设置为"文昌街—西进口上游路段—机动车";"行为类型"设置为"城市道路(机动车道)";"车道数"设置为"3";"宽度"设置为 3.75 m。通过拖动路段的终端圆点,将其长度设置为 70 m。

(3) 在文昌街西出口机动车道所在的位置,新建一条路段。"名称"设置为"文昌街—西出口道—机动车";"行为类型"设置为"城市道路(机动车道)";"车道数"设置为"3";"宽度"设置为 3.75 m。通过拖动路段的终端圆点,将其长度设置为 150 m。

(4) 在文昌街东进口机动车左转车道、直行车道和右转与直行合用车道所在的位置,分别新建三条路段。"名称"分别设置为"文昌街—东进口道—机动车—左转"、"文昌街—东进口道—机动车—直行"和"文昌街—东进口道—机动车—右转与直行";"行为类型"皆设置为"城市道路(机动车道)";"车道数"设置为"1";"宽度"均设置为 3.75 m。通过拖动每条路段的终端圆点,将其长度设置为 80 m。

(5) 在文昌街东进口机动车道的上游位置,新建一条路段。"名称"设置为"文昌街—东进口上游路段—机动车";"行为类型"设置为"城市道路(机动车道)";"车道数"设置为"3";"宽度"设置为 3.75 m。通过拖动路段的终端圆点,将其长度设置为 320 m。

(6) 在文昌街东出口机动车道所在的位置,新建一条路段。"名称"设置为"文昌街—东出口道—机动车";"行为类型"设置为"城市道路(机动车道)";"车道数"设置为"3";"宽度"设置为 3.75 m。通过拖动路段的终端圆点,将其长度设置为 320 m。

可以按照类似的方法,建立虎踞路的路段模型,最终形成文昌街与虎踞路交叉口路段模型,如图 7.2 所示。

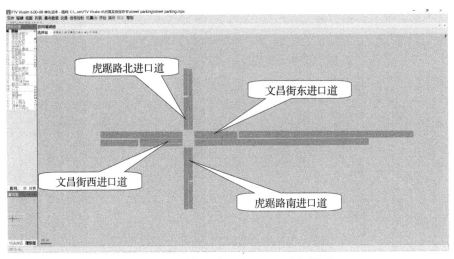

图 7.2　文昌街与虎踞路交叉口路段模型

2) 2 路段之间的连接

道路交通设施之间的联系将由"连接器"完成,包括以下两个方面的连接:机动车进口道上游路段和进口道路段;机动车进口道路段和出口道路段。以文昌街西段机动车进口道路段和其他出口道路段的连接为例说明连接器的构建过程。

由文昌街与虎踞路交叉口各车道的空间分布可知,文昌街西进口道左转机动车从左转车道驶出后最有可能选择的车道是虎踞路北出口道的左侧机动车道(车道 2);文昌街西进口道直行机动车从直行车道驶出后最有可能选择的车道是文昌街机动车东出口道的中间机动车道(车道 2);文昌街西进口道直行机动车从右转与直行合用车道驶出后最有可能选择的车道是文昌街机动车东出口道的右侧机动车道(车道 1);文昌街西进口道右转机动车从右转与直行合用车道驶出后最有可能选择的车道是虎踞路机动车南出口道的右侧机动车道(车道 1)。根据上述分析,执行以下操作:

(1)将路段"文昌街—西进口道—机动车—左转"的车道 1 连接路段"虎踞路—北出口道—机动车"的车道 2,连接器的名称设置为"西进口—北出口—左转—机动车"。连接器的起点要超过停车线的位置并且尽量靠近上游路段的终点,连接器的终点尽量靠近下游路段的起点。

(2)将路段"文昌街—西进口道—机动车—直行"的车道 1 连接路段"文昌街—东出口道—机动车"的车道 2,连接器的名称设置为"西进口—东出口—直行—机动车—中间车道"。连接器的起点尽量靠近上游路段的终点,连接器的终点尽量靠近下游路段的起点。

(3) 将路段"文昌街—西进口道—机动车—右转与直行"的车道1连接路段"文昌街—东出口道—机动车"的车道1,连接器的名称设置为"西进口—东出口—直行—机动车—外侧车道",连接器的起点尽量靠近上游路段的终点,连接器的终点尽量靠近下游路段的起点,如图7.3所示。

(4) 将路段"文昌街—西进口道—机动车—右转与直行"的车道1连接路段"虎踞路—南出口道—机动车"的车道1,连接器的名称设置为"西进口—南出口—右转—机动车",连接器的起点尽量靠近上游路段的终点,连接器的终点尽量靠近下游路段的起点,如图7.3所示。

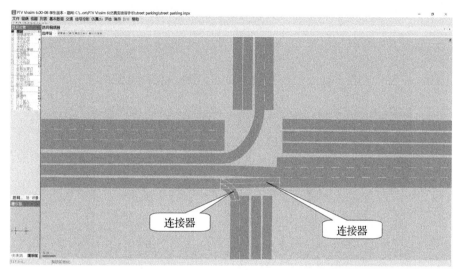

图7.3 文昌街西进口道机动车右转与直行合用车道的连接

3) 检查交叉口仿真模型

以上操作建立了文昌街与虎踞路交叉口各类道路交通设施的仿真模型。为了确保所建立的模型准确无误,需要进行全面的检查,主要涉及两个方面:检查各个设施(路段)是否有遗漏的情况,各个设施的主要设计参数是否正确;检查设施之间的连接(连接器)是否有遗漏的情况,连接是否正确。为方便检查,可开启线框显示,如图7.4所示。

4) 路网仿真模型

以文昌街与虎踞路交叉口仿真模为基础,运用路段的复制、移动和属性编辑等操作创建其他相应的设施并修改其属性,然后用"连接器"连接相关的路段,可以方便快捷地搭建文昌街与龙蟠路交叉口的仿真模型。最终搭建成如图7.5所示的路边停车管理路网仿真模型。

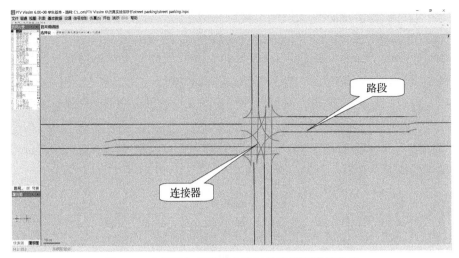

图 7.4 文昌街与虎踞路交叉口仿真模型线框显示

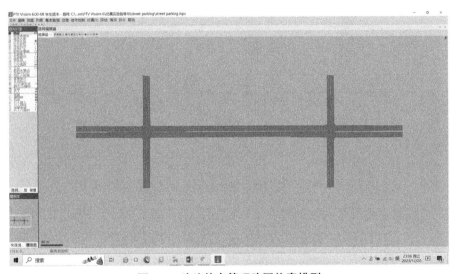

图 7.5 路边停车管理路网仿真模型

7.3.2 控制措施仿真

1) 让行控制仿真

在 VISSIM 仿真系统中,可以运用"冲突区域"仿真彼此存在冲突关系的车辆在经过各类冲突点时的让行控制。这里假定交叉口采取了两相位的信号控制方式。以文昌街与虎踞路交叉口为例,说明合流冲突点与交叉冲突点让行控制仿真的主要步骤。

在文昌街与虎踞路交叉口,有八个交叉冲突点。它们分布在交叉口的内部,是直行与对向左转的交叉冲突,可以按照如下步骤进行设置:

（1）设置连接器"西进口—东出口—直行—外侧车道"与连接器"东进口—南出口—左转"之间的冲突区域,将冲突区域的状态属性设置为"1等待2先行"。

（2）设置连接器"西进口—东出口—直行—中间车道"与连接器"东进口—南出口—左转"之间的冲突区域,将冲突区域的状态属性设置为"1等待2先行"。

（3）设置连接器"东进口—西出口—直行—外侧车道"与连接器"西进口—北出口—左转"之间的冲突区域,将冲突区域的状态属性设置为"2等候1先行"。

（4）设置连接器"东进口—西出口—直行—中间车道"与连接器"西进口—北出口—左转"之间的冲突区域,将冲突区域的状态属性设置为"2等候1先行"。

以上操作设置了文昌街交叉冲突点的让行控制仿真,设置效果如图7.6所示。可以按照类似的方法,设置虎踞路交叉冲突点的让行控制仿真。

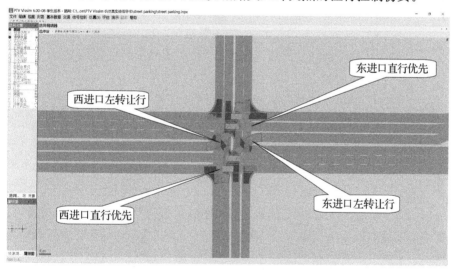

图7.6 文昌街交叉冲突点的仿真设置

2) 信号控制仿真

以文昌街与虎踞路交叉口为例,说明信号控制仿真需要考虑的主要参数及其设置过程。根据该交叉口的道路状况和交通状况可以看出,进口道的交通流量都不是很大,因此不需要为左转车辆提供保护式的相位设计。可以设计一个两相位的信号控制方案即可满足要求。相位1为东西方向的直行、右转和左转,相位2为南北方向的直行、右转及左转,如图7.7所示。

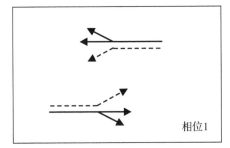
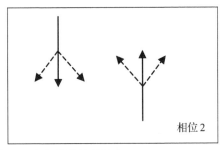

图 7.7　文昌街与虎踞路交叉口交通信号控制方案

文昌街与虎踞路交叉口信号周期为 55 s,相位 1(东西方向)绿灯显示时间 25 s;相位 2(南北方向)绿灯显示时间 20 s。关键参数取值见表 7.3。

表 7.3　文昌街与虎踞路交叉口信号灯组的主要参数

信号灯组	红灯 1(结束)/s	绿灯 1(结束)/s	黄灯/s
东西方向	0	25	3
南北方向	30	50	3

以文昌街与虎踞路交叉口为例,说明信号控制仿真模型的构建步骤:

(1) 新建信号控制机,将其"名称"设置为"文昌街与虎踞路交叉口",将其"类型"设置为"定时"。

(2) 打开信号控制编辑器,新建两个信号灯组,并将其"名称"分别设置为"文昌街与虎踞路交叉口—东西方向"和"文昌街与虎踞路交叉口—南北方向",默认的序列设置为"红—绿—黄"。

(3) 新建"信号配时方案 1",将其周期时间设置为 60 s,并按照表 7.3 中的参数编辑各个信号灯组的属性,形成如图 7.8 所示的参数设置。

(4) 单击用户界面左侧"路网对象"栏中的"信号灯头"按钮。在路段"文昌街—西进口道—机动车—左转"的车道 1 上停车线所在位置添加一个信号灯头,"名称"设置为"西进口";"信号控制机"设置为"1";"信号灯组"设置为"1"。复制该信号灯头,并将其放置在路段"文昌街—西进口道—机动车—直行"的车道 1 上停车线所在位置。复制该信号灯头,并将其放置在连接器"西进口—东出口—直行—机动车—外侧车道"的车道 1 上停车线所在位置。以同样的方式分别在该交叉口的东进口三条车道的停车线所在位置放置信号灯头,"名称"设置为"东进口";"信号控制机"设置为"1";"信号灯组"设置为"1"。

以同样的方式,在该交叉口的南进口和北进口设置信号灯头。最终,建立了文昌街与虎踞路交叉口信号控制仿真模型,如图 7.9 所示。

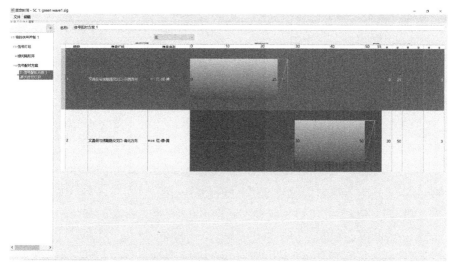

图 7.8　文昌街与虎踞路交叉口信号配时参数的设置

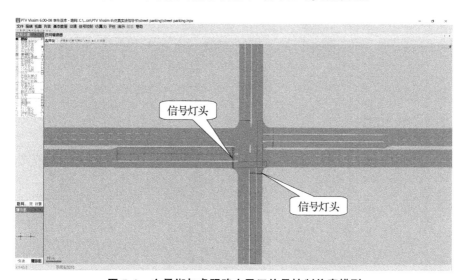

图 7.9　文昌街与虎踞路交叉口信号控制仿真模型

7.3.3　车辆仿真

为了对车辆进行仿真,首先需要定义车辆的期望速度,然后定义车辆组成,进行车辆的输入,最后设置车辆的路径。这里需要注意的是,不管是主要道路还是次要道路,直行车辆在交叉口进口道都可以使用两条车道,因此有两条路径直行通过交叉口。在设置直行车辆的路径时,必须根据等饱和度原则明确两条直行路径的相对车流。以文昌街与虎踞路交叉口的西进口为例,按照这一思路,说明车辆仿真的主要操作步骤。

1) 打开"期望速度—分布"列表。在列表内分别新建两个期望速度分

7　路边停车管理仿真实验　119

布,其编号分别为"1008"和"1009"。将其名称分别设置为"小汽车"和"大型客车",其下限值和上限值分别设置为 45 和 55 以及 40 和 50。

2) 打开"车辆构成/车辆构成的相对流量"列表。在列表内新建车辆构成,其名称为"文昌街与虎踞路交叉口—机动车—西进口",由两种车型所组成:小汽车和大型客车,期望速度分布设置为"1008:小汽车"和"1009:大型客车"。

3) 将车辆构成"文昌街与虎踞路交叉口—机动车—西进口"的相对车流(小汽车和大型客车)设置为"96"和"4"。

4) 在路段"文昌街—西进口上游路段—机动车"添加车辆输入,将其名称设置为"文昌街与虎踞路交叉口—机动车—西进口"。车辆构成设置为"2:文昌街与虎踞路交叉口—机动车—西进口"。流量设置为"812"。

5) 打开"静态车辆路径决策点/静态车辆路径"列表。在路段"文昌街—西进口上游路段—机动车"添加静态车辆路径决策点,将其名称设置为"文昌街与虎踞路交叉口—机动车—西进口"。分别以路段"文昌街—东出口道—机动车"、路段"虎踞路—南出口道—机动车"以及路段"虎踞路—北出口道—机动车"为目的地路段设置四条静态车辆路径,路径的名称分别设置为"直行—内侧"、"直行—外侧"、"右转"和"左转"。路径的相对车流分别设置为"408"、"306"、"85"和"51",设置效果如图 7.10 所示。

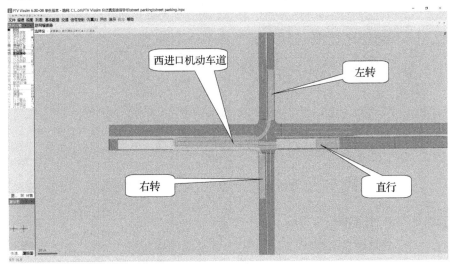

图 7.10 文昌街与虎踞路交叉口西进口机动车路径的设置

7.3.4 路边停车仿真

1) 路内停车场

路边停车管理将在文昌街上设置路内停车场,停车带设置在路段的中间,沿着外侧车道布置;每个方向设置 30 个停车位,每个停车位长 6 m。根

据上述管理方案,可以按照如下步骤进行操作:

(1) 单击用户界面左侧"路网对象"栏中的"停车场"按钮(文字"停车场"所在位置),进入"停车场"的设置和编辑状态。

(2) 在路段"文昌街—东进口上游路段—机动车"的适当位置点击鼠标右键,在弹出的菜单中选择"添加停车场"。

(3) 在弹出的对话框中,将名称设置为"文昌街停车场—自东向西",将长度设置为180 m;在"动态分配"选项卡中,将类型设置为"实际停车空间",将默认的期望速度设置为"5"km/h;在"停车空间"选项卡中,将车道设置为"1",将空间长度设置为"6 m"。

(4) 在路段"文昌街—东出口道—机动车"的适当位置点击鼠标右键,在弹出的菜单中选择"添加停车场"。

(5) 在弹出的对话框中,将名称设置为"文昌街停车场—自西向东",将长度设置为180 m;在"动态分配"选项卡中,将类型设置为"实际停车空间",将默认的期望速度设置为"5"km/h;在"停车空间"选项卡中,将车道设置为"1",将空间长度设置为"6 m"。

上述操作在文昌街的外侧车道上建立了路内停车场仿真模型,如图7.11所示。

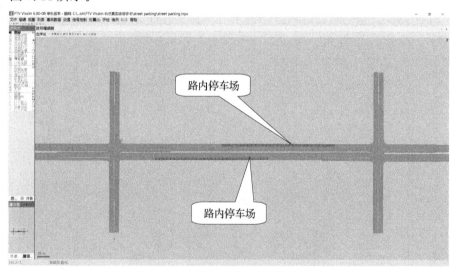

图7.11 文昌街路内停车场仿真模型

2) 停车路径

在完成了路内停车场的仿真之后,还需要仿真车辆的停车路径,明确各个不同方向的交通流如何沿着一定的路径进入停车场,并依据特定的参数进行车辆的停放。以文昌街路内停车场为例说明其主要操作流程。

(1) 在主菜单栏依次点击"基本数据"、"分布"和"时间",打开"时间分布"列表。

(2) 在列表内新建一个时间分布,编号为"2",类型为"经验分布",其下限值和上限值分别设置为:60 s 和 300 s,名称设置为"parking time"。

(3) 单击用户界面左侧"路网对象"栏中的"车辆路径"按钮(文字"车辆路径"所在位置),进入"车辆路径"的设置和编辑状态。

(4) 点击"车辆路径"按钮右边向下的箭头,打开一个下拉式菜单,在其中选择"停车场"选项。

(5) 在路段"虎踞路—北进口上游路段—机动车"点击鼠标左键,将其选中;在该路段上方点击鼠标右键,在弹出的菜单中选择"添加停车路径决策点",则在路段的起点出现紫色线条,它代表了停车路径的起点。在光标的下方有一浅蓝色线条,它随着光标的移动而移动,代表了停车路径的目的地。

(6) 将光标移动到停车场"文昌街停车场—自西向东"的任意一点,然后点击鼠标左键,将光标移动到空白处,结束该停车路径的设置。

(7) 以同样的方式,分别设置由"文昌街—西进口上游路段—机动车"和"虎踞路—南进口上游路段—机动车"到停车场"文昌街停车场—自西向东"的停车路径。

上述步骤建立起文昌街自西向东方向路内停车场的三条停车路径,设置效果如图 7.12 所示。

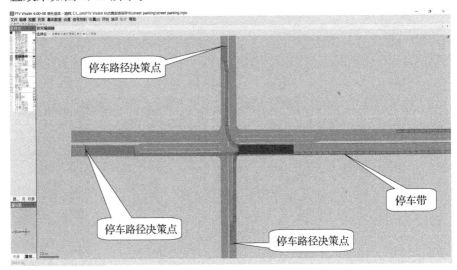

图 7.12 文昌街路内停车场三条停车路径的设置

(8) 以同样的方式,分别设置前往停车场"文昌街停车场—自东向西"的三条停车路径。

(9) 在主菜单栏依次点击"列表"、"私人交通"、"路径"和"停车路径",打开"停车路径决策点"列表;对各个停车路径决策点进行如下设置:将停车比率设置为"30",将停车时间设置为"2:parking time"。

7.4 实验结果分析

7.4.1 仿真数据采集

为了准确地分析路内停车场的影响,需要从路内停车场所在的文昌街上采集交通状况的数据,用于分析该处车辆运行的主要评估指标,从而对路边停车管理仿真实验结果做出准确的分析和判断。可以考虑在文昌街的仿真路段设置车辆出行时间测量仿真评估设施,以实现上述目标,具体操作步骤如下:

1) 单击用户界面左侧"路网对象"栏中的"车辆出行时间",进入车辆出行时间测量的编辑状态。

2) 在文昌街自西向东方向的路段"文昌街—东出口道—机动车"的起始端点击鼠标右键,在弹出的菜单中选择"添加车辆出行时间测量"。在鼠标点击处出现一条淡红色的线条,它代表着车辆出行时间测量的起始断面。

3) 在路段或连接器上方移动光标,则在光标的下方出现一条淡绿色的线条,随着光标的移动而移动。在文昌街自西向东方向的路段"文昌街—东出口道—机动车"的终止端点击鼠标左键,淡绿色的线条将停留在点击处,代表着车辆出行时间测量的结束断面。将其距离属性设置为 300。

4) 按照上述步骤2)和步骤3),分别在文昌街设置自东向西方向的机动车道的车辆出行时间测量的起始断面和结束断面,将其距离属性设置为 300。

5) 在主菜单栏依次点击"评估"、"测量定义"和"延误测量",打开"延误测量"列表。在"延误测量"列表中新建 2 个延误测量,其名称分别设置为"文昌街—自西向东—机动车道"和"文昌街—自东向西—机动车道",并设置与其名称相对应的车辆出行时间测量。

6) 在主菜单栏依次点击"评估"和"配置",打开"评估设置"对话框。编辑"结果特征属性"选项卡,对列表中的"车辆行程时间"和"延误"分别进行如下设置:"收集数据"属性打钩;"时间间隔"设置为"600"(单位:s)。

7) 在主菜单栏依次点击"评估"、"结果列表"和"延误",打开"延误—结果"列表;在主菜单栏依次点击"评估"、"结果列表"和"车辆出行时间",打开"车辆出行时间结果"列表。

8) 运行仿真模型,则在上述打开的列表中显示多项评价指标。上述操作所建立的两个方向的文昌街车辆出行时间测量仿真评估设施如图 7.13 所示。

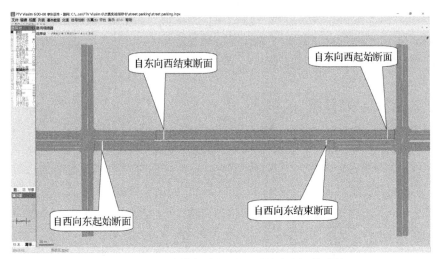

图 7.13　文昌街车辆出行时间测量仿真评估设施

7.4.2　仿真数据分析

仿真结束后,分别对"延误—结果"列表和"车辆出行时间结果"列表中的数据进行处理,得到文昌街机动车辆通过车道的主要评估指标:延误、停车次数、行程时间和行程速度。对这些数据进行整理和分析,结果如图 7.14 所示。文昌街的总体运行状况良好,延误、停车次数、行程时间和行程速度等各项指标都达到了非常理想的状态,这表明路边停车的管理方案对机动车的运行没有产生较大的影响,方案可行。

图 7.14 给出了文昌街车辆延误时间和停车次数仿真评估结果。分析该图可知,从空间分布上来看文昌街的车辆延误时长,自西向东方向为 3.98 s,优于自东向西方向的 3.34 s。此外,就文昌街的车辆停车次数而言,自西向东方向也同样优于自东向西方向。

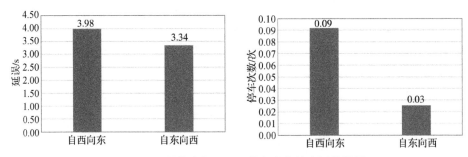

图 7.14　文昌街车辆延误和停车次数仿真评估结果

图 7.15 给出了文昌街车辆行程时间和行程速度仿真评估结果。分析该图可知,在自西向东方向,文昌街的机动车辆在 300 m 的距离内需要花费的

行程时间为 60.84 s,其速度达到 17.75 km/h。考虑到路边停车的影响,该行程速度是一个可以接受的速度。与此相比,自东向西方向的车辆行程时间略微有些长,车辆行程速度则略微有些低。

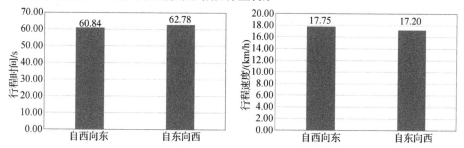

图 7.15 文昌街车辆行程时间和行程速度仿真评估结果

7.5 小结与思考

本实验以一条路段及其两个边界交叉口所组成的道路系统为例,说明如何运用微观交通仿真软件开展路边停车管理仿真。实验给出了所搭建模型的主要的情况。实验要求根据所给定的条件来逐步设计、搭建、运行和分析路边停车管理仿真模型,主要包括以下内容:路边停车带设置与否的分析与判断;路段横断面优化设计以及边界交叉口的交通组织设计,边界交叉口交通信号相位的设计和信号配时的计算,路边停车管理方案的设计,仿真模型的建立,仿真评价。实验操作主要包括了道路设施仿真、控制措施仿真、车辆的仿真、路边停车仿真。其中,路边停车仿真主要运用"停车场"和"车辆路径"等路网对象,进行有关路边停车管理的设置。运用"停车场"路网对象设置路内停车场的起点和终点、停车位的长度以及期望速度等参数。运用"车辆路径"路网对象设置车辆进入停车场的路径和停车比率以及车辆在停车场的停靠时间。

请根据本章的内容,思考以下问题:

1) 分析路内停车场的优点和缺点。

2) 路内停车场应该设置在何处?

3) 在实验的过程中,逐步增加边界交叉口进口道的机动车交通量,分析其对文昌街交通状况的影响。

4) 在实验的过程中,改变各个停车路径决策点的停车比率设置,分析其对文昌街交通状况的影响。

5) 对于本实验,分析路边停车管理方案可以容纳的边界交叉口的最大交通量。

第 8 章 PPT

第 8 章彩图

第 8 章任务书和数据库

8 城市道路网络规划仿真实验

城市道路网络规划是一项复杂、专业而又重要的工作。本章以城市道路网络规划案例为研究背景,详细介绍仿真操作步骤。通过仿真模拟,定性和定量分析交通流量、交通负荷等关键交通指标,验证规划方案的实际影响和效果。

8.1 实验定位与目标

交通规划作为城市交通建设与发展的重要纲领指引,以城市与土地规划为基础,通过合理配置交通网络、出行需求和交通工具三者间的关系,促使交通系统产生最大优势与效率。契合城市发展的交通规划方案可以显著提升城市交通系统的综合能力与服务品质,为城市居民提供高效且经济的出行服务。早期交通规划方案的制定往往关注交通问题,通过对关键问题的梳理并结合工程师经验来制定规划方案。这一过程由于缺少对城市交通系统的整体性建模与定量化分析,导致交通规划方案存在局限性,在方案落地实施后容易诱发新的交通供需失衡现象。

交通仿真是当下支撑城市构建全场景交通模型并开展交通规划方案量化分析的唯一工具手段。欧美等地的交通主管部门早就将交通仿真分析作为重要步骤引入交通规划制定过程中,甚至强制要求规划方案通过前必须开展仿真评价。比如,在制定美国肯塔基等州的市中心总体规划时,要求将仿真模型,如 TransModeler、TransCAD 等与市中心范围内的出行需求模型集成,以预测方案实施后的出行模式变化并量化评估相关的运营影响。

2010 年,我国由住房城乡建设部牵头制定了《城市综合交通体系规划编制导则》,该导则明确了交通规划方案制定过程中必须进行定量化需求分析,但并未规定具体的技术手段。对于小城市交通规划方案,传统的人工计算方式仍可以完成交通需求的量化计算。然而对于大规模交通网络而言,人工计算方式则无法承担如此巨大的计算量,且难以保证分析的精度。目前,绝大部分国内城市交通规划方案的需求分析都已采用仿真手段来完成。

本实验以某城市的交通规划方案修编为例,采用交通仿真手段对规划方案中的快速路网络规划和人口规划等关键内容进行量化分析与评价,并基于仿真分析的结果来思考改进措施,以达到优化规划方案的效果。

本实验预期实现以下目标:

1)了解交通规划的目的与意义,知道交通规划的具体流程,理解需求分析对交通规划的重要性。

2)掌握交通仿真分析的实现方法,能够通过实际操作交通仿真软件来熟练掌握仿真技术在规划中的应用。

3)掌握分析仿真结果的思路与方法,能够基于结果的分析来进一步地优化与改进方案。

8.2 实验情况与要求

8.2.1 规划背景

本实验选取东南亚某城市作为研究对象。该市坐落于三角洲地区,热带气候使得这里常年湿润且温暖。该市90%的居民信奉佛教,少数人信奉回教与基督教。当地90%的市民为高棉族,其余的为少数民族。作为该地区政治、经济、文化影响力较大的城市之一,这座城市不仅保留了具有民族特色的传统建筑,同时也不断涌现出许多新世纪兴建的现代化大厦。

近年来,该城市积极发展旅游业,凭借其独特的民族特色和宗教色彩,吸引了世界各地的游客前来观光旅游。随着旅游业的繁荣,第三产业也蓬勃发展起来。产业的兴盛不仅提升了该市的地区生产总值,还促进了社会经济的快速发展,如图8.1所示。据预测,该城市的经济将继续保持稳步增长,未来发展势头强劲,如图8.2所示。

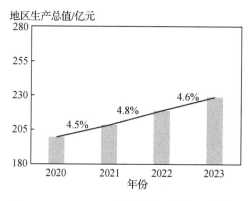

图8.1 2020—2023年城市地区生产总值情况　　图8.2 2024—2027年城市地区生产总值预测

下面将从人口与用地、交通网络和交通状态三个方面,详细介绍该城市的基本情况:

1) 人口与用地

该城市占地面积为 678.46 km^2,目前人口约 170 万,人口密度约为 2 505.7 人/km^2。随着社会经济的快速发展,人口也迅速增长,采用增长率计算法得到 2020 至 2023 年人口平均增长率为 4.47%,并预测到规划年城市人口会增至 202.5 万人,如图 8.3。城市的北部是老城区,分布着较多的住宅小区,吸引了大量人口聚集,如图 8.4。城市的东部是市中心,这里不仅是城市的主要商业、文化中心,也是旅游景点密集区域,如图 8.4。

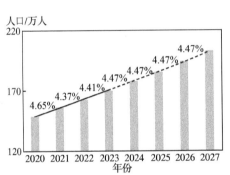

图 8.3 城市人口增长趋势

图 8.4 城市功能区分布

2) 交通网络

如图 8.5,该城市的道路网络主要由两条快速路和多条主干路、次干路组成。其中,两条快速路分别连接了城市的南北与东西方向,承担了城市在早、晚高峰期的快速通行需求。快速路的数量较少,使得交通流在高峰时期过度集中,导致快速路承担了较大的交通负荷。城市现有的两条快速路只是相交,没有连接成网,使得交通网络的连通性较差。

图 8.5 城市交通网络

3) 交通状态

目前城市道路网络的交通流量较大,道路网络系统的负荷较高,交通流量已经超出了现有道路网络的承载能力范围,多条道路出现了车辆饱和的现象,如图8.6所示。具体表现如下:在市中心核心区的南北向快速路和城市西部的南北方向主干路出现道路饱和且逐步扩散;部分局部道路的高峰拥堵也逐步常态化,极大地影响市民的出行和城市交通系统的运转;随着未来交通量的不断增长,预计主要道路的交通负荷也将持续攀升,如图8.7。

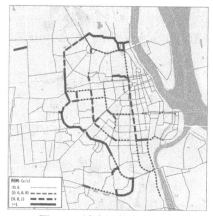
图8.6 城市网络负荷分布

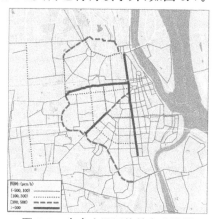
图8.7 未来交通网络的负荷增长

为了满足未来城市快速发展的需求,适应社会、经济和交通发展的趋势,当地政府决定对2020年的城市道路网络规划方案进行修编。相关部门通过深入走访和调研,已经完成了修编工作,但目前对于方案是否能够降低市中心核心区的交通负荷、纾解老城区聚集的大量人口,仍不确定,需使用仿真技术对方案进行量化分析与评价。

8.2.2 规划方案

1) 道路网规划

为分担市中心南北方向快速路的交通压力,需要增加城市路网中南北方向的快速路,并与市中心快速路连接成网,以提升整个交通系统的运行效率。以下为快速路网规划部分的两个备选方案:

(1) 备选方案一:改造市中心西南外侧的西北—东南方向的主干路,将其升级改造为城市快速路,与现有的快速路连接成快速路网,如图8.8所示,并将其由双向4车道拓宽为双向6车道。

(2) 备选方案二:改造南北向快速路东侧的主干道,将其升级改造为城市快速路,并与市中心南北向的快速路连接成快速路网,如图8.9所示,并将其由双向4车道拓宽为双向6车道。

备选方案一将市中心西部的纵向主干路改造为快速路,使其与原有的两条快速路相互连接,共同构建快速路网。这一改造将有效地为市中心快速路分流,也增强了整个道路网络的机动性。备选方案二改造了市中心东部的纵向主干路,并与市中心快速路连接成网。这一方案将引导交通流向东侧道路转移,从而有效减轻市中心的交通负荷,缓解城市交通压力。

图 8.8 备选方案一

图 8.9 备选方案二

2) 人口纾解规划

计划在城市人口密度较低的地方开辟新区,并将老城区的一部分人口迁到新区。同时,修建新的道路连接新区和市中心。以下为纾解人口的新区规划方案:在城市西南角建立新区,如图 8.10 所示,引导部分人口从老城区迁徙入新区,并加密与优化城市西南角路网,实现与原路网的连接。

城市的西南角的人口密度较低,开发程度不高,适合作为城市向外扩张的新区规划区域。通过在新区建设住宅、商业和公共服务设施,可以吸引大量人口进入,形成新的城市核心区。西南角的道路稀疏,可以重新规划并建设该区域的路网,以优化城市的空间布局。

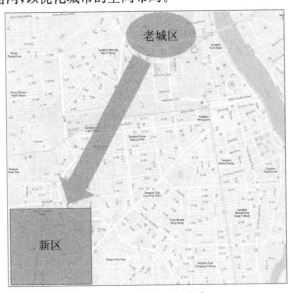

图 8.10 新区规划方案

8.2.3 实验要求

1) 对现状道路网络的交通运行状况进行仿真分析,找到引起交通问题的原因,将分析结果作为实验基础;

2) 针对提出的道路网络规划和人口纾解方案,实现对规划修编方案的数字化仿真建模;

3) 完成对规划方案的定性和定量化仿真分析,并进一步优化规划方案。

8.3 实验操作流程

本节将以路网规划中的备选方案一为案例,使用仿真软件对城市道路网络现状和快速路网规划方案进行仿真操作。

8.3.1 现状仿真

打开"交运之星-TranStar"软件城市交通版,在"项目管理"专题下点击"打开项目",导入本实验案例"实验4—城市道路网络规划仿真示例"的项目数据库,如图8.11所示。

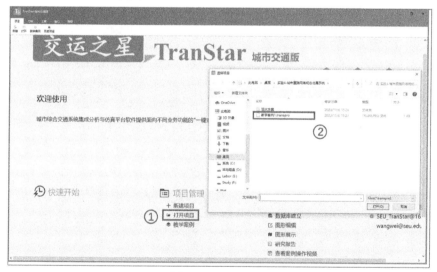

图8.11 导入项目

进入城市交通版流程操作界面后,在"方案导航"栏下打开"现状方案",在"模拟仿真"窗口中,配置仿真编辑流程,如图8.12所示。

仿真流程确认无误后,点击"方案"下的"运行"按钮开始仿真。待下方进度条读完后,点击"方案"下的"图形显示"按钮跳转到"图形分析"界面,如图8.13所示,或点击"方案"下的"研究报告"按钮进入研究报告界面,查看仿真的结果,如图8.14所示。

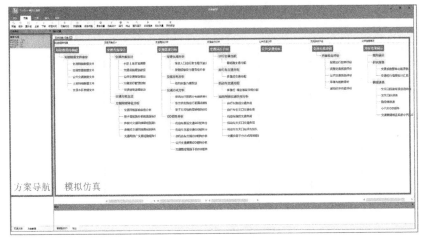

图 8.12　仿真编辑流程

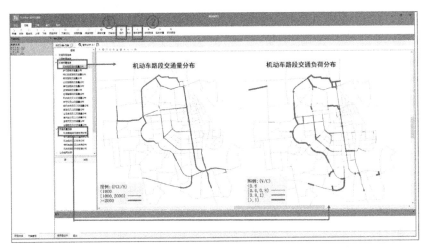

图 8.13　查看图形分析

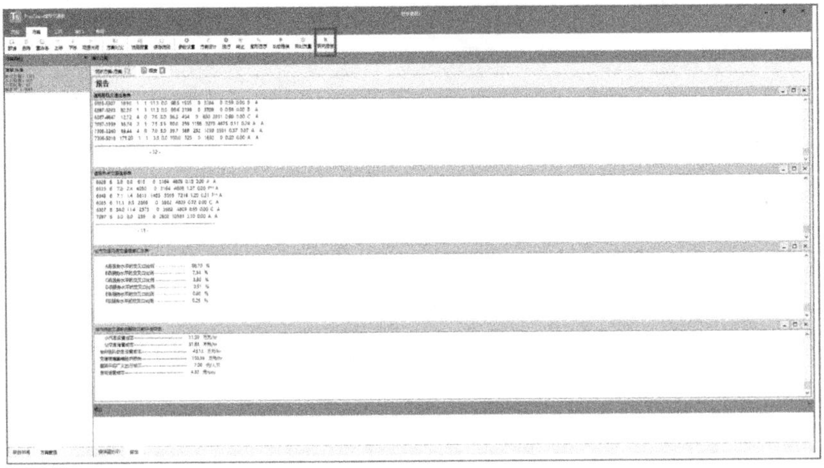

图 8.14　查看研究报告

观察仿真结果可以发现,市中心的南北方向快速路的流量较大,路段流量在 3 000 pcu/h 至 5 000 pcu/h 之间,交通负荷(V/C)大于 0.8,负荷较高,服务水平处于 D 级及以下,道路出现拥堵。受快速路和主干路的影响,周围的部分支路的交通量也较大,交通负荷(V/C)高于 0.8。经过与实际调研数据进行对比,发现仿真结果与实际情况一致。

8.3.2 规划方案仿真

点击"方案"下的"新建"按钮,进入新建方案界面。新建方案名称设为"快速路网规划方案","基于方案"中选择"现状方案",并设为激活方案,如图 8.15 所示。

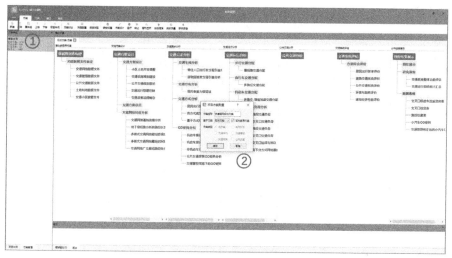

图 8.15 新建方案

点击"方案"下的"方案设计",跳转到图形编辑界面,在左上方的图层管理窗口中将焦点切换至路段层,并只显示路段层。在右边的图形编辑窗口中,双击或右键单击所选路段进行编辑,修改道路类型为"城市快速干道",机动车道宽度为"11.25 m",机动车道数为"3",非机动车道数为"0"。然后,点击"确定"完成该条路段的参数修改。待所有道路修改完成后,点击图形编辑窗口上方的"保存"按钮,保存所有修改操作,如图 8.16 所示。

点击"方案"下的"方案对比",选择现状方案,勾选"图形比较"选项,完成方案对比的配置。然后点击"运行",如图 8.17 所示。

最后点击"方案"下的"图形显示"按钮,跳转到"图形分析"界面查看结果,在"图层"管理窗口中的"方案比较分析"专题里,查看方案对比的结果。点击"方案"下的"研究报告"按钮,进入研究报告界面,查看交通系统整体功能评估及交通运行指标统计汇总结果,如图 8.18 所示。

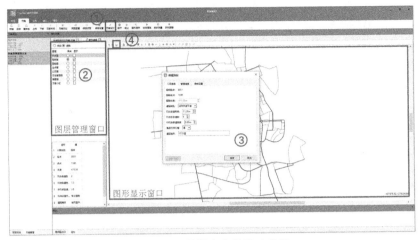

图 8.16 编辑方案并修改参数

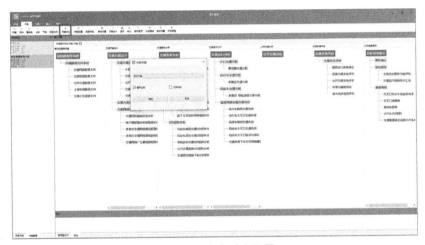

图 8.17 方案对比配置

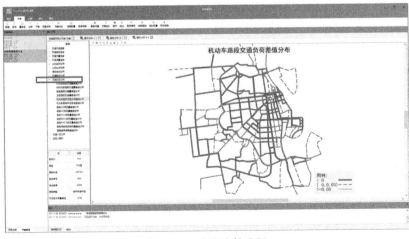

图 8.18 方案比较分析

8.4 实验结果分析

8.4.1 规划方案分析

图 8.19 所示为规划方案的交通流量仿真结果。可以看到市中心快速路的机动车交通流量较大,周围的大部分支路机动车交通流量较小。

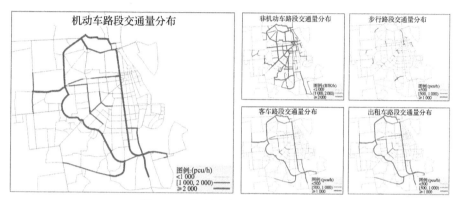

图 8.19 规划方案流量仿真结果图

规划方案的交通负荷和机动车车速仿真结果如图 8.20 所示。其中,市中心快速路下半段的机动车交通负荷比上半段低,处于 C 级道路服务水平,上半段快速路处于 D 级道路服务水平。

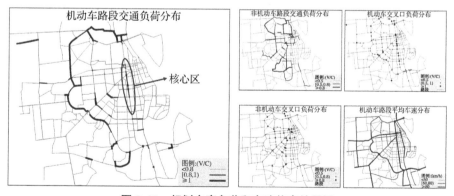

图 8.20 规划方案负荷和车速仿真结果图

在道路规划和建设过程中,也需要考虑交通系统对生态环境的影响。图 8.21 所示为规划方案路段排放的仿真结果,包括路段 CO 排放量、HC 排放量、NO_x 排放量和 $PM_{2.5}$ 排放量分布。可发现,快速路和主干路的排放量较大,大部分的次干路和支路的排放量较小,交通系统的污染排放量适中。

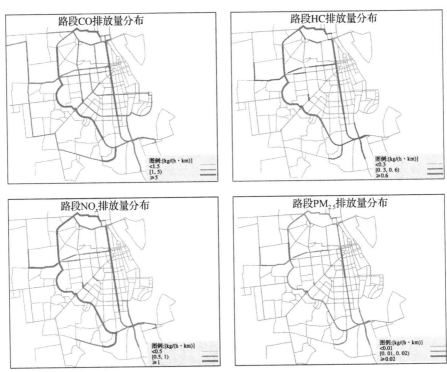

图 8.21 路段排放仿真结果图

最后,查看规划方案和现状方案的对比,如图 8.22 所示。可以看到,规划修编方案能够减少市中心核心区的交通流量与负荷,具有一定的拥堵改善效果。但从规划方案交通负荷的仿真结果看,市中心快速路仍存在负荷较高的现象,总体服务水平不高。鉴于该规划方案的改善效果有限,需要重新调整与优化方案。

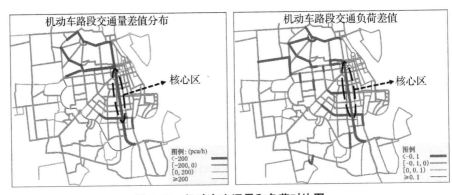

图 8.22 机动车交通量和负荷对比图

8.4.2 规划方案优化

1) 方案优化

为缓解规划仿真中快速路上半段饱和度较高的问题,计划继续增加快速路西侧西北—东南方向的次干路车道数,并将其升级为快速路,如图 8.23 所示。经过改进的快速路优化了城市路网的布局,预期可有效分担市中心上半部分的交通量,提高道路网络的循环效率。

图 8.23 优化方案

2) 定性分析

对优化方案仿真后可以发现,市中心快速路西侧西北—东南方向的道路经过改造后,会为市中心分担更多的交通量,如图 8.24 所示。

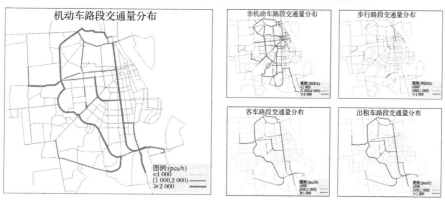

图 8.24 优化方案交通量分布图

核心区道路的机动车路段交通负荷(V/C)基本小于0.8,道路服务水平处于A至C级,道路的运行状态良好,没有严重的拥堵发生,如图8.25所示。

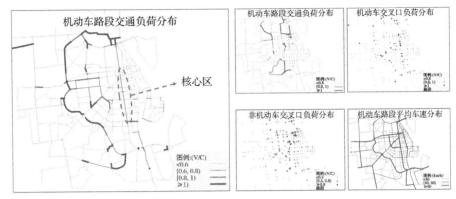

图8.25 优化方案负荷和车速分布图

图8.26所示为机动车路段交通量差值分布和机动车路段交通负荷差值分布。可以明显看到市中心核心区的道路交通量及交通负荷降低显著,核心区的饱和状况得到极大缓解,方案的改善效果显著。

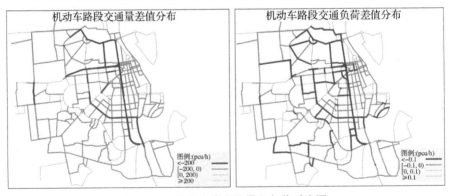

图8.26 优化方案交通量和负荷对比图

3) 定量分析

表8.1展示了现状方案和规划优化方案的交通量。可以看出,快速路在由北向南方向的路段交通量较大,规划优化方案能大幅减少该方向的交通量,最高可减少1 635 pcu/h。由南向北方向的现状交通量较小,实施规划方案后虽有部分路段交通量上升,但交通量不大,不会造成拥堵。

通过定量化的数据结果,可以清晰地看到优化后的规划方案有效缓解了核心区的道路饱和压力,对市中心的交通状况有很大的改善。下面将对优化方案下全网的交通情况进行定量的分析和评价。

表 8.1 快速路交通流量表

路段 ID (北—南)	现状交通量/(pcu/h)	规划交通量/(pcu/h)	减少量/(pcu/h)	路段 ID (南—北)	现状交通量/(pcu/h)	规划交通量/(pcu/h)	减少量/(pcu/h)
1 560	3 187	2 650	537	1 568	613	592	21
1 559	3 188	2 663	525	1 567	611	590	21
1 314	3 232	2 779	453	1 566	1 768	1 254	514
1 315	2 842	2 446	396	1 313	1 777	1 261	516
1 316	3 417	2 660	757	1 312	1 777	1 261	516
1 317	4 004	2 789	1 215	1 311	1 857	1 309	548
1 435	4 321	2 612	1 709	1 433	1 860	1 310	550
1 569	4 313	2 726	1 587	1 127	1 828	1 283	545
1 570	4 351	2 735	1 616	1 126	1 821	1 278	543
1 571	4 351	2 735	1 616	1 125	1 821	1 278	543
1 572	4 368	2 740	1 628	1 124	1 814	1 273	541
1 573	4 369	2 740	1 629	1 123	1 802	1 261	541
1 574	4 377	2 742	1 635	1 122	1 771	1 254	517
1 575	3 746	2 461	1 285	1 121	1 861	2 082	−221
1 576	3 544	2 984	560	1 120	1 683	2 018	−335
1 577	3 581	3 044	537	1 119	1 684	2 022	−338
1 578	3 613	3 079	534	1 118	1 660	1 985	−325

如表 8.2 所示,规划优化方案提升了全网的道路服务水平,交通网络的 A—C 级服务水平道路里程增加,占比由 92.32% 增加至 93.65%。

表 8.2 全网道路服务水平

指标	现状方案	规划优化方案
A 级服务水平道路长度(里程比例)	368 km(79.01%)	379 km(81.2%)
B 级服务水平道路长度(里程比例)	42 km(8.96%)	39 km(8.3%)
C 级服务水平道路长度(里程比例)	20 km(4.35%)	19 km(4.15%)
D 级服务水平道路长度(里程比例)	14 km(2.98%)	10 km(2.07%)
E 级服务水平道路长度(里程比例)	4 km(0.79%)	3 km(0.72%)
F 级服务水平道路长度(里程比例)	18 km(3.91%)	17 km(3.56%)

表 8.3 为全网道路运行效率的评价指标。可以看到，规划优化方案降低了整个交通网络的交叉口平均延误时间和排队长度，改善了交叉口的交通状况，减小了干道拥堵率和路段平均饱和度，缓解了交通网络的道路饱和情况。

表 8.3　全网道路运行效率评价

指标	现状方案	规划优化方案
交叉口平均延误时间/s	17.69	16.83
交叉口平均排队长度/辆	6.48	6.05
机动车平均车速/(km/h)	72.49	76.72
干道拥堵率/%	6.87	6.11
路段平均饱和度	0.22	0.2

8.5　小结与思考

本实验选取了规划修编方案中快速路网规划备选方案，使用"交运之星-TranStar"软件进行仿真，通过定性和定量两个角度，对交通量、交通负荷和环境排放等各类交通指标进行了深入分析和评价，并对规划方案进行了修改和优化。仿真结果展示了优化后方案的表现，初步验证了该方案能够满足未来的发展需求。

请根据本章的内容，思考以下问题：

1) 如果按照快速路网规划备选方案二提出的措施，改造南北向快速路东侧的主干道，是否会改善城市交通系统运行状况？

2) 如果实施纾解人口的方案，在城市西南角建立新区并从老城区迁入人口，如何修建新的路网以分担老城区的交通压力？

3) 是否可以尝试与交通管理措施相结合的方法，进一步提升规划方案的改善效果？

9 城市交通系统优化仿真

第9章PPT

城市高峰期常态化的交通拥堵越来越困扰着交通参与者与管理者,是目前各级各类政府着力应对的头号交通问题。本章以城市交通拥堵为对象,从交通系统角度出发分析供需矛盾,分别从交通需求引导和供给优化两方面入手制定相应的拥堵改善方案,最后通过仿真软件量化分析各改善方案的应用效果。

第9章彩图

9.1 实验定位与目标

在城市持续发展演进的背景下,人口增长、经济活动、技术进步和环境演变等多重因素影响下,我国城市交通拥堵问题日益严重,在影响居民正常出行的同时,也给城市发展带来巨大的负担。解决城市交通拥堵问题已经成为我国城市面临的共性任务。学术界早已达成通过交通供给优化与需求引导在系统层面缓解交通拥堵的共识;迪特里希·布雷斯(Dietrich Braess)通过实验研究揭示了,一味地新建道路可能引发交通系统效率降低的经典布雷斯悖论(图9.1)。

第9章任务书和数据库

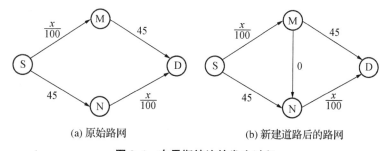

图 9.1 布雷斯悖论的发生过程

国内目前非常重视利用成熟的交通管控理念与技术解决交通拥堵问题,如单点信号优化、干线绿波控制、公交专用道设置等。然而,作为一个关联系统,单点或者局部问题的缓解往往只能短时起效,随着交通系统的演化,上述问题会在另外的时空或以另外的形式再一次出现。通过梳理和挖掘拥堵产生的核心本源,并针对性地在系统层面开展优化,才能更好地缓解甚至解决拥堵问题。在这一过程中,可能存在多种解决方案。为了评估并选择最优方案,可以通过交通仿真工具进行系统性分析,科学而全面地量化方案的优劣。同时还能调整方案中的具体设置,进一步反馈优化方案设计。

本实验针对城市交通拥堵问题,从交通系统全局视角出发,发掘诱发拥堵的交通供需核心矛盾所在,通过交通需求合理引导、供给适度优化理念,提出合理的交通拥堵改善方案,并借助交通仿真手段分析各方案效果,实现对方案的比选。

本实验预期实现以下目标:

1) 理解交通拥堵问题及其产生原因,分析与梳理交通拥堵的供需矛盾内核;

2) 掌握缓解交通拥堵问题的思路,能够提出不同的缓堵解决方案;

3) 掌握利用交通仿真工具分析问题的思路,熟练运用交通仿真软件对缓堵方案进行量化分析,并基于分析结果比选方案、优化方案。

9.2 实验背景与要求

9.2.1 实验背景

本实验仍选用第 8 章的城市作为实验对象。未来,该城市超预期扩张发展,吸引了大量人口迁入,推动城市经济蓬勃发展。在 2027 年(第 8 章所述规划年)该城市的常住人口达到了 228 万,地区生产总值达到了 305.3 亿元,如图 9.2 所示,城市的发展速度超过了规划修编的预期,已经落地实施的规划方案依旧难以满足交通需求增长,交通需求与供给间失衡,交通拥堵常态化出现。

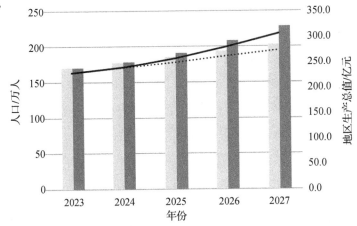

图 9.2 预测人口和地区生产总值与实际人口和地区生产总值差距图

城市交通管理者采取了一系列的交通管控优化措施,也取得了不错的缓堵效果。以城市核心区中新大街路口为例,晚高峰时车辆排队最长可达300 m,驾车通过路口有时需要等待2~3个信号周期。交管部门经过调研后,将原有路口"二次信号"控制改为统一信号,并设立主城区首个直行等待区。经过调整后,路口通行能力显著增加18%,排队长度由原来的300 m缩短至100 m。

交通管控优化措施的实施对局部拥堵的确有缓解效果,但城市交通系统在高峰时段整体上依旧拥堵。考虑到城市交通本身是一个复杂系统,系统各部分间相互影响,若仅立足于局部范围开展交通管控优化,对于整体拥堵的缓解收效甚微,急需从城市范围出发,引导与优化交通系统,努力实现交通需求和供给的平衡。

1) 交通运行状况

图9.3所示为晚高峰时期的交通量分布示意图,图9.4为晚高峰时期的道路饱和度示意图。目前看来,南北快速路、绕城主干道、绕城快速路、市中心附近的支路以及绕城路以外的部分支路饱和度已经较高,交通系统运行状态不容乐观。

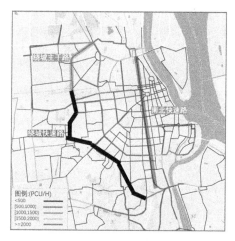 

图9.3 城市交通流量分布图　　　图9.4 城市交通道路负荷图

2) 交通需求分析

实验城市目前约有228万的常住人口,人均出行次数为2.5次/(人·d)。经济的繁荣使得人们的生活水平大幅度提升,对于出行的需求不仅仅只满足于低层次的通达、安全、可靠,而是追求更高层次的舒适、自由。从交通工具保有量来看,5年前该城市机动车保有量为201.2万辆,汽车保有量187.7万辆,其中私家车162.9万辆。而到了2023年7月,机动车保有量增至

313.7万辆,其中汽车保有量300.97万辆,其中私家车228.3万辆。人们更愿意选择小汽车出行,小汽车的出行比例高达36%,公共交通的出行比例为18%,周边其他同类城市的小汽车出行比例为23%,公共交通出行比例为30%,如图9.5所示。

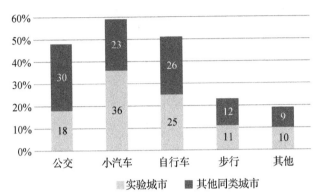

图9.5 实验城市与其他同类城市出行结构对比图

3) 交通供给分析

图9.6所示为实验城市交通网络示意图,该城市目前有四条快速路(下图加粗路段)。由于实施过程中经费以及工程难度的影响,最终形成了图9.6所示的一环三放的快速路网布局。快速路实测速度与设计速度相差较大,甚至与主干路的实测速度相差无几,如表9.1所示。

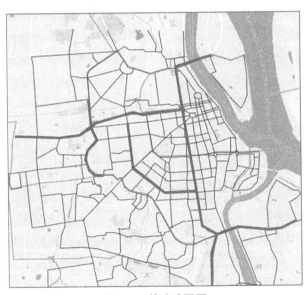

图9.6 快速路网图

表 9.1 不同等级道路设计速度和实际速度表

道路等级	设计速度/(km/h)	实测速度/(km/h)	比值(实测/设计)
快速路	80	47.9	0.60
主干路	50	40.5	0.81
次干路	40	34.2	0.86
支路	30	28.9	0.96

9.2.2 实验方案

针对交通拥堵问题,需从系统的角度出发采取可持续的交通措施,加强交通供给与需求管理。常见的措施包括推行公交优先发展战略、增加交通供给,减少对个人汽车的依赖;加强与改善城市干道通行管理、优化交通供给,如采取单向交通、优化信号配时等;运用经济杠杆、限制交通需求,如拥挤道路收费、核心区域限号等;均衡交通流分布、引导交通需求,如错峰出行等。

现提出以下三个备选优化方案,作为本实验的仿真分析对象:

1) 备选优化方案一:关键区域单向交通方案。在关键区域设置单向行车道,优化流量分布。该方案预期可提高通行效率、减少拥堵和交叉口冲突、简化交通管理,但也可能导致部分道路过度拥挤。

2) 备选优化方案二:核心区域限号方案。在特定时段或区域对车辆实施通行限制措施,如图 9.7 所示。该方案可降低高峰时段车流量和提升通行速度,但可能引起部分市民出行不便和增加交通管理难度。

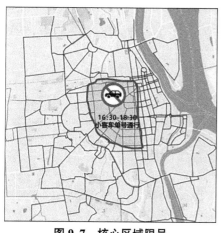

图 9.7 核心区域限号

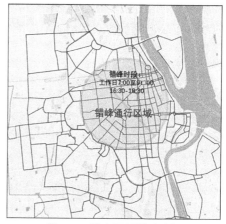

图 9.8 核心区域错峰出行

3) 备选优化方案三:核心区域错峰出行方案。鼓励市民错峰出行,分散高峰时段交通需求,如图 9.8 所示。该方案可起到削峰填谷的效果,提高通行效率、减少交通压力。但方案实施难度较大,需考虑居民工作和生活的时间安排。

9.3 实验操作流程

本实验分别以城市现状以及备选优化方案二为例,展示城市交通系统优化仿真的主要操作流程。

9.3.1 现状仿真

点击"交运之星-TranStar"进入软件首页,点击项目管理,打开项目目录,找到其中带有". transpro"后缀的文件,点击打开,导入基础数据库,如图 9.9 和图 9.10 所示。

图 9.9 打开项目

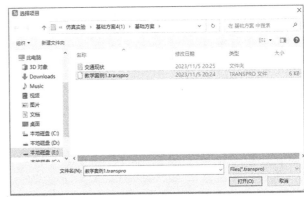

图 9.10 选择项目

点击运行按钮,观察下方的输出框中是否有错误输出。若无错误输出,点击图形显示,查看城市的交通现状,如图 9.11 所示。

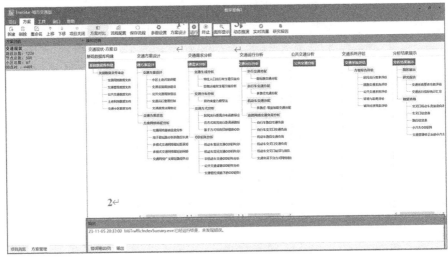

图 9.11 现状仿真

点击交通现状—方案,通过分析结果展示模块,即可查看图形显示并研究报告以及数据表格。通过点击交通流量信息下的机动车交通量分布查看城市道路的流量,如图9.12所示,可以看出目前一环、三环快速路的交通量较大,承担了高峰的大部分交通需求。点击交通质量信息下的机动车路段交通负荷查看当前状况下各路段的交通负荷,如图9.13所示,可以看出环状快速路以内区域的道路负荷较大。此外,还可以查看环境影响与能源消耗等信息。

图 9.12 机动车路段交通量分布　　　　图 9.13 机动车路段交通负荷分布

9.3.2 优化方案仿真

以备选优化方案二为例说明该方案的仿真操作流程。

通过对目前的机动车路段交通量和交通负荷分布情况进行现状分析,可以发现在高峰时段,城市中心区域出城方向的交通拥堵问题较为显著。为此,对市区二环以内区域(如图9.14阴影区域所示)的道路实施机动车限号,限号的比例参照北京市设置为20%,即限2个尾号。

图 9.14 城市二环区域示意图

9 城市交通系统优化仿真　　147

点击"新建",并为方案命名(将其命名为核心区限号方案),然后选择基于方案"交通现状",点击"确定",完成方案的新建,如图 9.15 所示。后续即可在左侧方案导航窗口点击新建的方案进行操作。

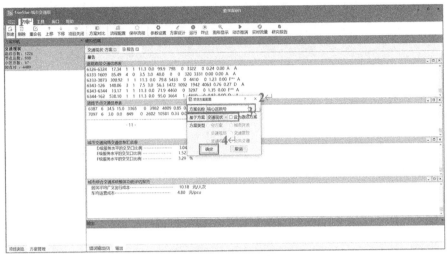

图 9.15　新建方案

点击"运行"按钮,观察下方的输出框中是否有错误输出。若无错误输出,则点击"方案设计"模块,将焦点置为"区域管理层",并选择"添加";若有错误输出,检查导入方案时是否存在错误,如图 9.16 所示。

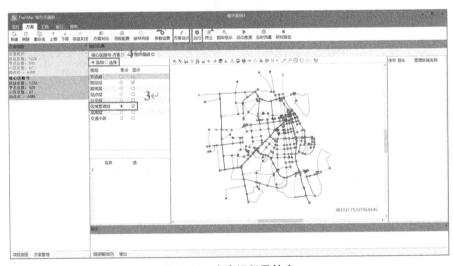

图 9.16　方案运行及核查

选择二环区域,如图 9.17 所示,添加其为区域管理区域,然后双击"小客车限行",设置小客车的限行数量比例,点击"确定"完成区域限号设置,如

图 9.18 所示。完成方案设置之后,点击"运行"。最后,利用方案对比模块,对实施方案前后的指标进行对比分析。

图 9.17 选择二环区域

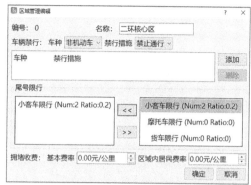

图 9.18 设置限号比例

9.4 实验结果分析

9.4.1 定性分析

1) 交通流量分布

图 9.19 和图 9.20 为核心区域限号方案后机动车路段和步行路段的交通量分布情况。采取方案后的机动车路段交通量分布直观上与采取方案之前无太大差别。

图 9.19 机动车路段交通量分布图

图 9.20 步行路段交通量分布图

2) 交通负荷分布

图 9.21 和图 9.22 为核心区域限号方案后机动车路段交通负荷分布、机动车交叉口负荷分布情况。可以看出,采取限号措施后的机动车路段交通

负荷有较为直观的下降,很多支路从最粗的线形转变为次粗的线形,即从 D 级服务水平转化为 C 级服务水平。

图 9.21　机动车路段交通负荷分布图　　图 9.22　机动车交叉口负荷分布图

3) 排放量分布

图 9.23 和图 9.24 为核心区域限号方案后路段的 PM2.5 排放量分布和能源消耗分布情况。采取方案后路段 PM2.5 排放量在南北快速路北段有明显的下降。

图 9.23　路段 PM2.5 排放量分布图　　图 9.24　路段能源消耗分布图

4) 交通量差值分布

图 9.25 和图 9.26 为采取方案前后的机动车路段交通量和交通负荷差值的分布情况。从图中可以看出二环以内区域大部分路段的交通量都有一定幅度的减少,二环以外的道路流量则有所上升。

图 9.25 机动车路段交通量差值分布图　　图 9.26 机动车路段交通负荷差值分布图

9.4.2 定量分析

1) 道路网络平均路段交通量。从表 9.2 可以看出方案实施后平均道路交通量下降为 549 pcu/h，饱和度从 0.409 降为 0.399。

表 9.2 道路网络平均路段交通量/饱和度对比表

	现状	方案实施后
平均道路路段交通/(pcu/h)	563	549
平均道路路段饱和度(V/C)	0.409	0.399

2) 道路交通网络机动车平均车速。方案实施后路网整体平均车速提升了 0.76 km/h，其中快速路、主干路、次干路的平均车速都有所提升，但支路的平均车速有所下降，如图 9.27 所示。

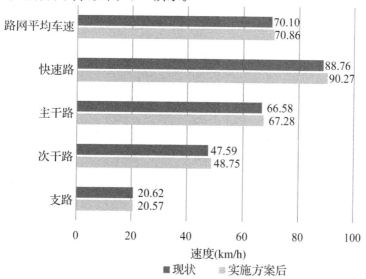

图 9.27 机动车平均车速对比图

3) 交叉口延误和排队长度。全网络交叉口平均延误时间由 33.08 s 下降到 31.93 s,交叉口平均排队长度由 15.16 pcu 下降到 14.18 pcu。

9.4.3 方案优化

通过以上分析,可以看出通过对城市二环以内区域的机动车以 20% 的比例进行限号,在一定程度上缓解了交通拥堵,特别是二环以内区域的效果较显著。

考虑到限号措施的效果往往会随着时间推移而降低,后续可以进一步将多种方案进行组合优化,如核心区限号+错峰出行和核心区限号+单向交通等,同时针对不同类型的车辆,制定更加个性化的限号方案。

9.5 小结与思考

本实验针对城市交通拥堵,从交通需求引导和供给优化两方面入手,制定相应的拥堵改善方案,并通过仿真软件模拟不同方案的运行情况,量化评估其应用效果。

请根据本章的内容,思考以下问题:

1) 除了备选优化方案二,其他两种备选优化方案的效果如何?如何通过仿真实现备选优化方案一、方案三的操作?

2) 拥堵收费策略是否适用于本实验对象城市?尝试通过仿真验证拥堵收费的效果,并思考拥堵收费的适用条件。

3) 未来随着人工智能和智能网联等新技术的发展,是否还有其他可行的交通缓堵措施,能够更好地改善交通运行?

10 综合交通系统一体化仿真

第 10 章 PPT

第 10 章彩图

第 10 章任务书和数据库

综合立体交通网是支撑我国现代化交通体系高质量发展的关键基础设施,交通网络建设和新技术普及等均会对综合交通系统产生影响。本章以京津冀综合交通骨架网络为实验对象,利用"交运之星-TranStar"构建交通仿真环境,分析京津冀综合交通网络基本情况,设计自动驾驶技术发展、高速铁路建设等典型场景,量化分析各场景的实际效果。

10.1 实验定位与目标

自改革开放以来我国在交通基础设施建设和发展方面取得了巨大成就,实现了从交通大国到交通强国的跨越。然而,公路、铁路、水路和民航以及城市交通之间衔接不够,仍未形成协同发展的综合交通体系。交通仿真往往分方式单独进行,很少开展综合交通系统一体化仿真分析。

本实验以京津冀地区综合交通骨架网络为例,介绍综合交通系统一体化仿真的流程,开展综合交通网络的仿真分析,并对未来引入自动驾驶和新增铁路路线等方案进行对比评价。

本实验预期实现以下目标:

1) 了解综合交通一体化融合发展的目的与意义。

2) 掌握利用交通仿真软件进行综合交通一体化仿真的操作流程,熟悉不同仿真方案之间的分析对比方法。

10.2 综合交通系统一体化仿真实验

自京津冀协同发展战略提出以来,京津冀交通一体化成果丰硕,"轨道上的京津冀"主骨架基本成形,互联互通的公路网络全面构筑。京津雄核心区 0.5 h 通达,京津冀主要城市 1~1.5 h 交通圈加速形成,多节点、网格状、全覆盖的综合交通网络基本形成。"十四五"现代综合交通运输体系发展规划提出,要建设京津冀等国际性综合交通枢纽集群,提升全球互联互通水平和辐射能级,加强北京城市副中心与中心城区、廊坊北三县交通基础设施互联互通。

本节利用"交运之星-TranStar"软件构建京津冀地区综合立体交通网络，系统分析当前京津冀地区综合交通系统的运行状况，挖掘综合交通网络发展存在的瓶颈。

10.2.1 实验任务

本实验的主要任务如下：

1）构建京津冀地区综合交通网络模型并完成一体化仿真方案配置；

2）开展综合交通一体化仿真，把握综合交通系统运行状况，并挖掘交通网络的瓶颈（拥堵）问题；

3）对仿真分析发现的问题，针对性地提出优化改善方案。

10.2.2 操作流程

打开软件，点击"新建项目"，在弹出窗口中填写"项目名称"与"项目路径"，如图10.1所示。在下一个弹出窗口中填写"方案名称"，选择方案类型为"空方案"，如图10.2所示。

图 10.1　新建项目

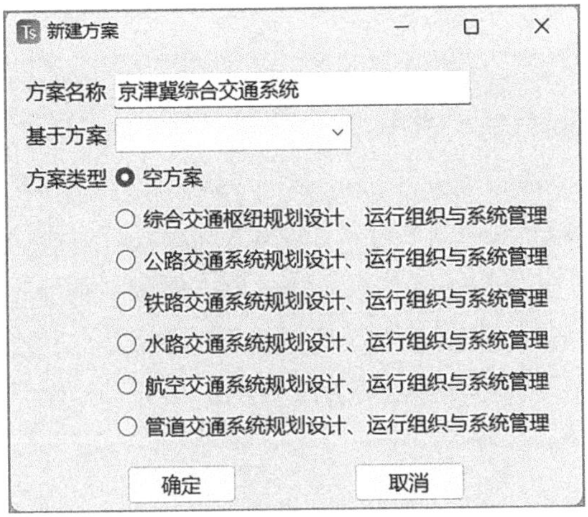

图 10.2　新建方案

在新建"京津冀地区综合交通系统"方案后,进入"交运之星-TranStar"的操作流程界面,在此界面根据仿真需求配置方案流程,如图10.3所示。由此,交通仿真实验的项目与方案构建完成。

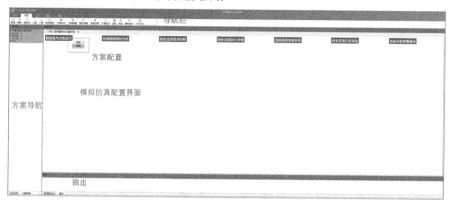

图10.3　方案配置

点击"打开项目"后,在弹出窗口选择"教学案例4"文件夹中的"教学案例4.transpro"文件,将已构建的京津冀地区综合交通系统数据库及相关方案导入"交运之星-TranStar"仿真软件,如图10.4所示。

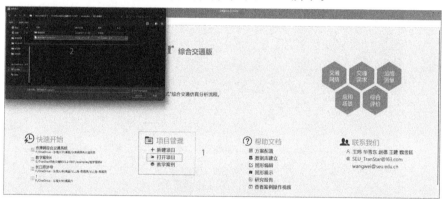

图10.4　方案导入

导入方案后,即可进入方案流程操作界面,如图10.5所示。该基础路网范围覆盖河北省、北京市、天津市及东北、华北、西北部分地区,面积约218 000 km^2,方案中包括21 242条路段、13 192个节点、197个交通小区以及38 809对OD出行数据。以京津冀地区客运仿真为例,配置完成的界面如图10.6所示。

完成方案配置后在"导航栏"点击"运行",当"输出"窗口显示"本次运行成功"字样后即表示本次运行已完成。完成方案运行后点击"导航栏"中的"图形显示"即可跳转到"图形分析"界面,如图10.7所示。

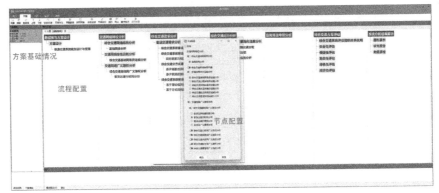

图 10.5　方案操作界面

图 10.6　方案配置情况

图 10.7　图形显示界面

10.2.3　仿真分析

在"图形显示"界面点击"交通网络信息"中的"综合网络结构",即可查看京津冀地区综合交通系统的网络结构,如图 10.8 所示。从图中可以发现,该方案中的综合网络结构与京津冀实际网络一致。

在"客运流量信息"中点击"综合网络路段全日交通流量"和"综合枢纽流量",查看京津冀地区的客运流量信息,如图 10.9 和图 10.10 所示。从图中可以发现,目前京津冀地区的综合交通网络全日交通流量较大但分布不均,部分铁路承担了较大的运输压力,枢纽大流量也主要集中于铁路节点,铁路网络发挥了极大作用,其他交通方式还存在较大的提升空间。

在"客运流量信息"中点击"综合网络全日交通负荷",查看京津冀地区的综合交通负荷,如图10.11所示。对比发现,不同交通方式的路段交通负荷差异很大,且不同方式交通负荷较大的区域也不一致。公路路段交通负荷较大的区域主要集中于城区,而在跨市、跨省等路段上铁路方式承担了较大的交通需求。

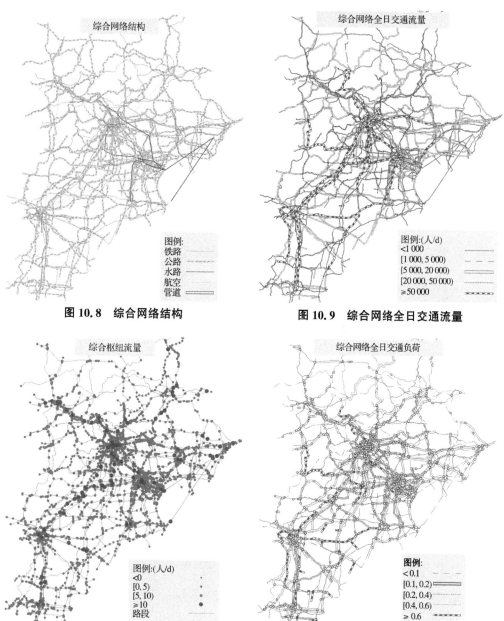

图10.8 综合网络结构

图10.9 综合网络全日交通流量

图10.10 综合枢纽流量

图10.11 综合网络全日交通负荷

10 综合交通系统一体化仿真

在"环境影响分析"中可进一步查看综合交通系统的能源消耗与污染物排放情况,如图 10.12 所示。可以发现当前京津冀地区综合交通系统的 CO 排放量较大,且主要由公路方式贡献。

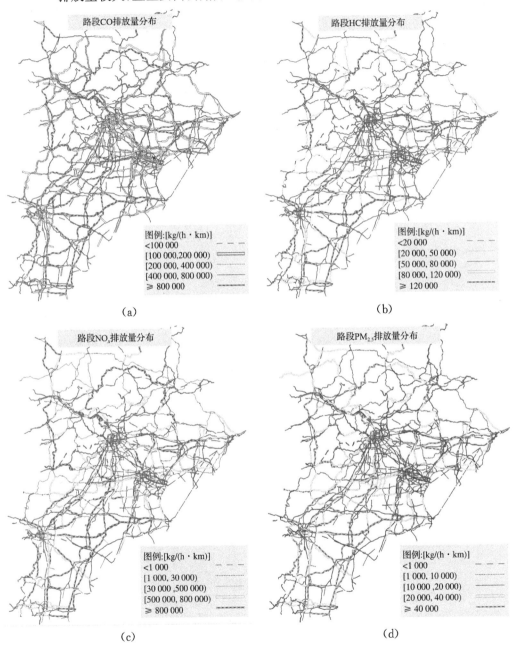

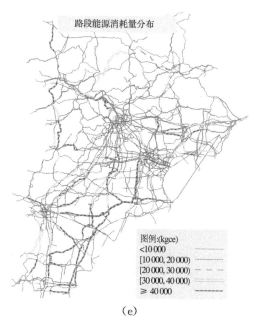

(e)

图 10.12　综合网络环境影响分析

10.2.4　实验总结

本次综合交通系统一体化仿真实验构建了京津冀地区的综合交通网络数据库,并基于预设的仿真模型对京津冀地区的综合交通运行进行了量化分析,对比了包括路网结构、客运流量、环境影响等方面的指标表现。从仿真分析的结果不难发现,京津冀地区综合交通系统目前可能还存在客运流量分布不均、不同交通方式协同性差、综合交通网络结构不合理等问题。

针对上述仿真分析发现的潜在问题,并结合综合交通系统未来的发展趋势,从交通需求与供给的角度提出系统优化改善方案。在交通需求优化方面,通过在公路系统中引入自动驾驶车辆,进一步提升公路方式的运行效率;在交通供给优化方面,通过新建高速铁路网络/线路,进一步提升铁路的供给能力。在后续章节中,将针对以上两种优化改善方案进行仿真,并将其与原始方案对比分析,探讨不同方案对于京津冀地区综合交通系统的改善影响。

10.3　自动驾驶技术发展仿真实验

不断地提高交通运行效率和提升运输安全水平是公路交通发展的重要目标,自动驾驶技术的出现为这一目标的实现提供了新的思路和路径。借助自动驾驶和辅助驾驶技术,可有效提高交通系统通行能力和平均速度,降低系统延误、事故率及伤亡程度,具有显著的实用价值。在 2023 年 9 月,苏州市发布消息称,国内首条满足车路协同式自动驾驶等级的全息感知智慧高速公路已完成超80%的工程量,即将建成通车。在这一背景下,本实验将在京津冀地区引入自动驾驶技术,借助交通仿真软件分析未来自动驾驶的普及对综合交通系统运行的影响。

10.3.1 实验任务

本实验的主要任务如下:

1) 在京津冀地区综合交通数据库中引入自动驾驶模型,实现对自动驾驶的模拟。

2) 开展自动驾驶技术发展影响仿真,评价自动驾驶对综合交通系统的影响,并总结其发展优劣势。

10.3.2 操作流程

以"京津冀综合交通系统"方案为基础,新建"引入自动驾驶"方案,如图 10.13 所示。点击"新建"后,在"基于方案"选项中选择"基础路网",即可构建与"京津冀综合交通系统"一致的"引入自动驾驶"新方案,后续步骤将在"引入自动驾驶"方案中进行操作。

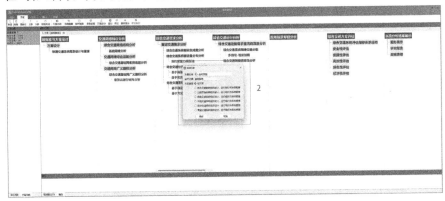

图 10.13　新建"引入自动驾驶"方案

引入自动驾驶对综合交通系统的影响可以通过修改公路客运通行能力或者修改公路道路设计速度等方式实现,本节仅以修改公路通行能力为例进行操作展示,将公路路段的通行能力扩大至基础方案的125%。点击"导航栏"中的"参数设计",进入参数修改界面,选择"交通网络综合运能分析"模块,针对其中的"公路路段"的"客运通行能力"栏进行修改,如图 10.14 所示。

在完成参数修改后,点击"导航栏"中的"运行",待"输出"窗口显示"本次运行完成"后,再将本方案与基础方案进行对比,点击"导航栏"中的"方案对比",如图 10.15 所示。

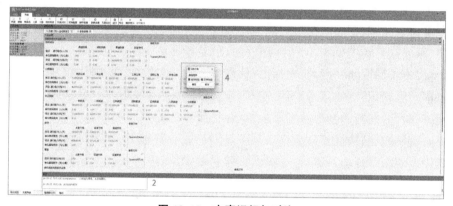

图 10.14　参数设置

图 10.15　方案运行与对比

10.3.3　仿真分析

在"图形显示"界面点击"方案比较分析"即可看到引入自动驾驶技术前后的系统变化。综合网络全日流量差值分布情况如图 10.16 所示。从图中可以看出,在引入自动驾驶后,公路通行能力增加,引起了大部分公路流量的增加;相对应的,部分铁路流量减少。自动驾驶发展对系统饱和度、能源消耗、污染排放的影响与流量类似。

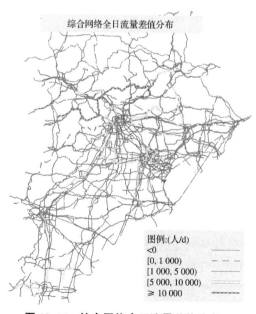

图 10.16　综合网络全日流量差值分布

10　综合交通系统一体化仿真　161

10.3.4　实验总结

针对京津冀综合交通系统客流分布不均、部分路段饱和度较高等现象，提出将自动驾驶技术引入公路系统的优化方案，并借助"交运之星-TranStar"交通仿真软件分析了该优化方案的影响。通过仿真结果，发现在引入自动驾驶后，交通流量由其他方式向公路方式转移，起到了一定的均衡路网流量和优化客运结构的效果。

10.4　新建高速铁路仿真实验

以首都北京为核心的京津冀城市群，目前已是世界上轨道交通路网最密集的区域之一，京津冀之间已实现京津城际、京张高铁等多条高铁和城际列车往来穿梭，三地铁路运营总里程超过 10 000 km，京津雄核心区 0.5 h 通达、京津冀主要城市 1.5 h 交通圈正从蓝图落地。

《中长期铁路网规划》中指出：从总体上看，当前我国铁路运能紧张状况基本缓解，瓶颈制约基本消除，基本适应经济社会发展需要。但铁路布局与经济和社会发展的新形势新要求相比，仍然存在路网布局尚不完善、运行效率有待提高、结构性矛盾较突出等不足。在这一背景下，本节将在交通需求集中区域新建高速铁路，通过扩大铁路有效供给，进一步优化京津冀地区的综合交通系统运行。

10.4.1　实验任务

本实验的主要任务如下：

1) 在京津冀地区综合交通数据库中新增一条高速铁路；

2) 开展新建高速铁路仿真实验，分析新增铁路后综合交通系统的影响，对比并总结新建铁路方案与原始方案的差异。

10.4.2　操作流程

以"京津冀综合交通系统"方案为基础，新建"新增铁路"方案，如图 10.17 所示。点击"新建"后在"基于方案"选项中选择"基础路网"，之后构建"新增铁路"新方案，后续步骤将在"新增铁路"方案中进行操作。

点击"导航栏"的"方案设计"，进入方案修改与显示界面，如图 10.18 所示。为便于操作，选择仅显示"铁路节点"与"铁路路段"，焦点选择"铁路路段"，并将操作选为"添加"，如图 10.19 所示。根据前述分析结果选择铁路流量较大区域，点击操作新增高速铁路，并在弹出窗口中设置该铁路的设计速度等基本属性。本方案将高速铁路的设计速度设为 200 km/h，读者可选择自行调整其他设置。在完成铁路新建后，点击左上方的"保存"按钮。

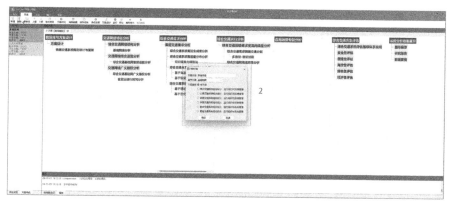

图 10.17 新建"新增铁路"方案

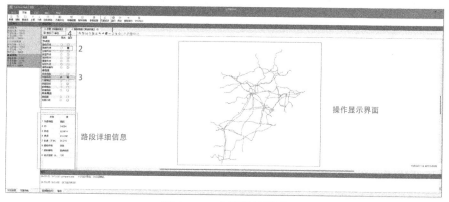

图 10.18 方案设计界面

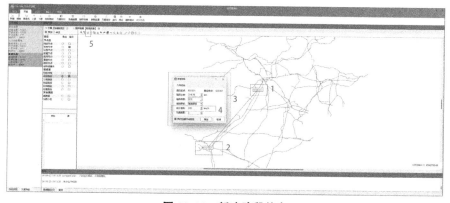

图 10.19 新建路段信息

点击"导航栏"中的"运行",等"输出"窗口显示"本次运行完成"后,再将新建高速铁路方案与初始方案进行对比,即点击"导航栏"中的"方案对比",如图 10.20 所示。

10 综合交通系统一体化仿真　163

图 10.20　方案运行与对比分析

10.4.3　仿真分析

如图 10.21 展示了新建高速铁路前后,综合网络全日流量差值分布情况。从图中可以看出,新建铁路之后,该铁路路线的流量增加,附近特别是与该铁路平行的公路和铁路路段的流量下降。新建铁路对综合交通系统饱和度、能源消耗、污染排放的影响与流量类似。

图 10.21　综合网络全日流量差值分布

10.4.4　案例总结

铁路系统具备出色的客流承载能力,对于大规模中长距离交通运输需求具有独特的优势。本节提出新建高速铁路的优化方案,在"交运之星-TranStar"中分析了该优化方案的影响。通过仿真结果,发现新建高速铁路后,交通流量由周边铁路及其他方式向该新建铁路路线转移,达到了预期的效果。

10.5 小结与思考

本实验选取京津冀地区综合交通骨架网络为研究对象,利用"交运之星-TranStar"交通仿真软件完成综合交通基础网络构建与量化仿真分析,基于分析结果提出引入自动驾驶和新增铁路路线两个优化方案,并通过仿真软件模拟不同方案的运行情况,量化评估其应用效果。

请根据本章的内容,思考以下问题:

1) 针对水路、航空等运输方式设计交通仿真实验并实际操作,熟悉综合交通一体化仿真与分析的流程。

2) 设计一个与本章不同的新建高速铁路的优化方案,并与本章的方案进行对比,探究不同铁路位置、不同设计速度等因素对综合交通系统运行的影响。

第 11 章 PPT

第 11 章彩图

第 11 章任务书
和数据库

11 智能网联交通流运行仿真

11.1 实验定位与目的

本实验旨在深入探索智能网联交通系统对城市交通流的影响。在这个实验中,我们将通过仿真技术来模拟智能网联交通环境,重点关注如何利用先进的通信技术和交通管理策略来优化交通流动性和安全性。学生将有机会亲身体验并分析智能交通系统在现实世界情境中的应用,包括车辆自动控制、交通信号优化和交通数据的实时分析等方面。

本实验不仅使学生了解智能网联交通技术的基本原理和运作机制,还将通过实际案例教授他们如何设计和实施仿真模型,以评估不同智能网联交通策略对城市交通流的具体影响。通过这种方式,学生能够深入理解智能网联交通系统在提高交通效率、减少拥堵、降低事故发生率以及促进可持续交通发展中的关键作用。此外,本实验还旨在培养学生的分析思维和创新能力,为他们未来在交通工程领域的职业生涯打下坚实的基础。

11.2 实验情况与要求

11.2.1 实验背景

智能网联交通流是由智能网联车辆(CAV)构成的新型交通流,其发展必然经历人工驾驶车辆和智能网联车辆构成的混合交通流。在本课程中,我们定义智能网联车辆为 Connected and Autonomous Vehicle,简称 CAV。CAV 的概念包含了不同自主化水平、智能化水平的车辆,目前主要的 CAV 车辆包括自适应巡航控制 ACC 与协同自适应巡航控制 CACC 车辆。

1) 自适应巡航控制(Adaptive Cruise Control,ACC)

其作为一种纵向行驶控制技术,最早出现于 20 世纪 90 年代,最初作为一种提高驾驶舒适性的奢侈功能,允许车辆在高速公路上自动维持与前车的距离。随着传感器技术和人工智能的进步,ACC 系统已经变得更加智能和可靠,现在不仅被视为提升舒适性的工具,更是提高行车安全的关键技术,比如 ACC 技术能够在车流密集的高速公路或城市道路上有效预防追尾事故。ACC 系统通过使用先进的传感器和算法,使车辆能够在保持安全距离的前提下,自动调整速度以适应前车的速度变化。这些系统依赖多个传感器,如雷达、摄像头和超声波传感器,精确测量车辆与前车之间的距离及相对速度,并自动计算出保持或调整当前速度的最佳决策。ACC 系统通过上层的交通控制模块分析并设定目标速度和行为,而下层的车辆控制模块则负责执行具体的驾驶操作,如加速或减速,以符合上层设定的参数。简而言之,交通工程领域的上层控制提出优化目标,车辆工程领域的下层控制执行实际操作。

2) 协同自适应巡航控制(Cooperative Adaptive Cruise Control, CACC)

CACC 是 ACC 的进阶形式,通过车辆对车辆的 V2V 通信实现更精确的车辆控制。CACC 不仅保留了 ACC 的基本功能,如自动调节车速维持安全距离,还通过 V2V 实现车辆间信息共享,同步多车速度和距离,增强交通流的连续性与安全性。尽管 CACC 能显著提高交通效率与安全,但其普及仍面临诸多挑战。首先,CACC 高度依赖 V2V 通信环境,非兼容 V2V 的车辆限制了其功能实现。其次,跟随传统车辆需这些车辆装备 V2V,而现实中这类设备普及率低。再次,复杂环境或极端天气可能影响 V2V 通信的可靠性,限制 CACC 的效能。最后,CACC 系统在与传统人工驾驶车辆混行时需灵活应对,提出了更高的技术和策略要求。

3) 队列协同驾驶(Cooperative Platooning)

为了弥补 CACC 技术设备普及率低的局限性,队列协同驾驶通过采用更多智能网联手段允许车辆在车路协同环境下以编队方式行驶。随着车联网技术的不断发展,智能网联系统组成部分之间的信息交互也越来越频繁,V2X 的概念应运而生,逐步形成车路环管网云边端一体化的系统。在此系统中,车载单元(OBU)和路侧单元(RSU)扮演着至关重要的角色。OBU 负责收集和处理车辆的实时数据,而 RSU 则在路侧进行数据的收集和传输,这两者协同作用使得整个交通系统的信息流通更为高效和精确。

智能网联交通发展过程中形成两大技术路线:单车智能与车路协同。单车智能的重点在于发展车辆的智能化与自主化技术以及车辆间的通信与协作控制技术,通过车辆之间实时共享数据和协同决策,来提升道路安全和交通流的效率。而车路协同路线侧重于车辆与交通基础设施间的互联互通,通过路边单元收集与反馈交通数据,从全局层面优化交通信号控制和应急响应。

纵观国内外情况,交通仿真技术正朝着以下几个发展方向迈进:多模式网络协同、多尺度仿真的紧密融合和多情景业务综合决策需求的持续增长。交通仿真工具需要支持从单一模式到多模式,从单一尺度到多尺度,以及从传统交通流到新型混合交通流的复杂情境。随着移动互联和智能网联技术的推进,提前仿真评估新型混合交通流的运行及其影响显得尤为重要。然而,现有的基于单一维度的仿真工具已难以满足这些新兴需求。未来的交通仿真将必然向联合仿真和宏微观一体化方向发展。

智能网联交通流依托前沿技术,旨在提升道路安全和交通效率。通过增强环境感知、引入碰撞缓解系统,减轻驾驶员疲劳,理论上能显著提高安全性能。同时,通过缩短车辆间距和协调速度,智能网联技术有助于优化交通流动性,减少燃油消耗,促进交通系统运营的降本增效。然而,这些潜在效益的实际效果还需通过智能网联交通仿真技术进行验证,以确保其在现实世界中的可行性和有效性。

11.2.2 实验要求

1) 掌握 VISSIM 微观交通仿真软件实现智能网联交通流运行仿真的基本原理与操作;

2) 掌握 VISSIM 实现自动驾驶仿真的基本参数设定;

3) 掌握 VISSIM 实现车辆队列编组生成的基本方式;

4) 掌握 VISSIM 通过 C2X 模块实现车速动态调整的方式。

11.3 实验操作流程

11.3.1 仿真基本原理

VISSIM 软件实现智能网联交通流运行仿真有以下三种方式:定义属性修改、COM 接口和联合仿真。这三种方式的详细解释及其在实验操作流程中的应用如下:

1) 定义属性修改

这种方法涉及直接在 VISSIM 环境中修改车辆、行人或网络属性,以模拟智能网联交通系统的特定方面。主要操作步骤如下:

(1) 在 VISSIM 中创建或导入基础路网模型。

(2) 选择需要修改的对象(如车辆、信号灯)。

(3) 在属性栏中调整相关参数(例如,车辆的加速度、减速度,信号灯的相位和时长)来反映智能网联交通系统的特性。

2) COM(Component Object Model)接口

COM 接口允许用户通过编程(通常使用 Python 或其他编程语言)来控

制 VISSIM 仿真。这使得可以实现更复杂的智能网联交通流仿真,如动态调整交通信号或模拟车辆间的通信。主要操作步骤如下:

(1) 准备或编写控制脚本(例如,使用 Python)。

(2) 在 VISSIM 中启动仿真并同时运行控制脚本。

(3) 使用脚本实时调整仿真参数(如交通灯控制和车辆行为)。

3) 联合仿真

联合仿真结合了 VISSIM 和其他软件(如 VTD、CARLA、NS-3、OMNET++或自定义软件)的功能,以提供更全面的智能网联交通流仿真。主要操作步骤如下:

(1) 设置并配置 VISSIM 与其他仿真软件的接口。

(2) 在 VISSIM 中创建基本路网模型。

(3) 通过接口进行数据交换和协同仿真,模拟更复杂的交通场景和智能网联技术的应用。

每种方法都有其独特的优点和适用场景。属性修改适合快速简单的场景调整,COM 接口适用于需要高度自定义和动态控制的复杂仿真,而联合仿真则用于结合不同仿真工具的优势,模拟更全面和细致的交通环境。在进行智能网联交通流运行仿真时,可以根据实验的具体需求和复杂性,选择合适的方法或将多种方法结合使用。

11.3.2 实验操作流程

1) 自动驾驶仿真的基本参数设定

(1) 定义属性修改

基于定义属性修改实现自动驾驶(AV)仿真主要通过修改驾驶行为参数。自动驾驶车辆的驾驶行为按照类人设计,驾驶风格可分为正常型(Normal)、谨慎型(Cautious)和激进型(Aggressive)。① 正常型:行为类似于人类驾驶员,但具有额外的能力,可以通过车载传感器测量周围车辆的距离和速度;② 谨慎型:车辆遵守道路规则,总是采取安全行为。在非信号化交叉口和变道时,总是保持一定的安全距离;③ 激进型:具有完美的感知和预测能力,通常在所有操作和情况下保持较小的间隙,表现出类似合作的行为。

如图 11.1 所示,VISSIM 在 2021 以后版本中的驾驶行为参数栏内置了自动驾驶模块,可以强制设定绝对制动距离、隐式随机性和车辆队列编组参数,相关参数设置如表 11.1 和图 11.2 所示。

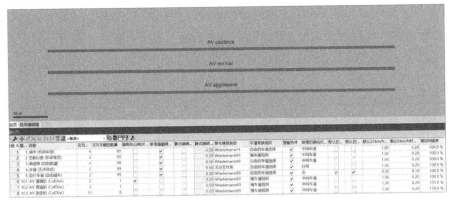

图 11.1　VISSIM 中自动驾驶车辆基本设定方法

表 11.1　VISSIM 中驾驶行为参数中的自动驾驶模块设置建议

参数项	作用	设置建议
绝对制动距离	允许设定自动驾驶车辆的最大制动距离，以模拟其先进的制动系统	在驾驶行为参数中指定绝对制动距离的值，这将覆盖标准的制动模型
隐式随机性	模拟自动驾驶车辆在决策过程中的一致性和确定性	调整隐式随机性参数，以减少或消除驾驶行为的随机变化
车辆队列编组参数	控制自动驾驶车辆在交通流中的队列形成和维持	设定特定的队列编组参数，以影响自动驾驶车辆的跟随和队列行为

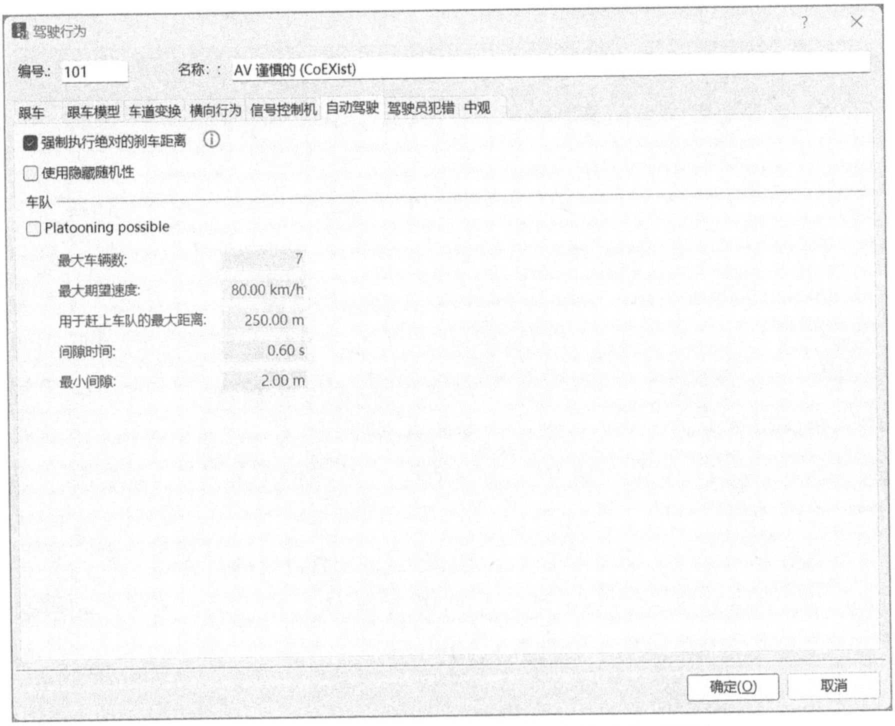

图 11.2　VISSIM 中驾驶行为参数中的自动驾驶模块

同时,不同驾驶风格的自动驾驶车辆在跟驰、换道模型与驾驶人错误率设定上也应有所不同。自动驾驶车辆的跟驰行为可以通过调整跟驰模型参数来定制,以模拟不同风格的自动驾驶策略。调整换道行为参数,可以模拟自动驾驶车辆在不同情况下的换道决策。自动驾驶车辆的错误率通常较低,可以通过减少或消除错误率参数来模拟。但因为 AV 车辆不受人类因素(如疲劳、情绪波动)的影响,总体上,自动驾驶在驾驶行为模型的参数设定上相较人类驾驶行为更为简单。

2) COM 接口

VISSIM 中模型的数据和仿真参数能够通过 COM 接口输出至其他应用程序,也可以通过该接口对 VISSIM 数据进行修改。其支持 Visual Basic、C++、C#、Python 等多种编程环境。准备阶段需要初始化 COM 对象,以连接到 VISSIM 仿真环境。以 Python 为例,使用 import os 语句与 import win32com.client as com 语句即可与 VISSIM 建立通信。输入文件路径后,使用 COM 提供的 LoadNet 方法即可打开文件,加载路网数据。同样的,还可以同步 VISSIM 软件的页面布局。使用 COM 中 Simulation 组件提供的方法即可开始仿真。仿真相关参数也可在接口中进行修改。

在网联车辆的实现过程中,COM 接口控制的主要对象为信号灯与车辆。在 VISSIM 中明确已经设置好的信号灯相关参数后,在脚本中进行定义,使用 COM 中 Net 组件的信号控制方法可读取对应的信号控制机和信号灯对象。相应的,在脚本中可对信号灯当前仿真的状态进行设置,包括红、黄、绿以及其他过渡状态,具体可参考 VISSIM 中的 COM 手册。当调用信号控制机进行操作时,由于 VISSIM 规定调用只能发生在 1 s 内,需要暂时暂停仿真等待脚本操作。同样仿真暂停时间以及暂停操作也可以在脚本中控制,因此除了实时控制 VISSIM 仿真外,也可提前对仿真过程进行规定实现场景元素变化。

COM 接口中针对车辆的操作与信号控制类似。在 VISSIM 中设置好车辆参数后,即可在脚本中搜寻对象,包括车辆数量、编号、类型、速度与加速度、位置与倾角等数据,也可以对部分数据进行修改,如期望速度和目标路段。对车辆的操作还包括移动车辆、移除车辆、增添新车辆等,增加车辆时需要提前定义车辆的大部分参数。在此基础上,使用 COM 接口实时获取车辆的状态信息,并根据自动驾驶算法调整车辆的行为,即可实现自动驾驶逻辑。基于自动驾驶算法进行路径规划、换道、避障等决策,使用 COM 接口控制车辆的加速、减速、转向等操作,使其按照算法的决策执行。

在 COM 提供的方法中,还可以对路网、行人、静态物品进行读取与控制,以及相关的路径和冲突区域的设置,结合车辆与信号控制可构建出较为完善的网联车辆运行场景。

3) DriverModel 接口

对于简单的参数控制,如头车时间的变化,可以通过 VISSIM 驾驶行为参数进行建模。除内置基本参数设置之外,VISSIM 同时支持自动驾驶车辆通信和协作的仿真。对于复杂影响或更高精度的模拟,可能需要使用 VISSIM 提供的其他接口,如 COM Drivermodel.DLL 或 Drivingsimulator.DLL。

在 VISSIM 软件中,对于 ACC 和 CACC 车辆的模拟,用户可以利用 VISSIM 提供的驾驶人模型库,即 DriverModel.DLL。如果需要,用户可以创建自定义的驾驶人模型来替代原有的模型。自定义模型的开发需要使用 C 或 C++ 编程语言,并以动态链接库(DLL)文件的形式实现。VISSIM 的接口文档详细说明了驾驶人模型应实现的功能,包括 Init 初始化设置、CreateDriver 生成驾驶人、MoveDriver 控制驾驶人移动以及 KillDriver 驾驶人的移除等。为了支持这些功能的实现,VISSIM 提供了可调整的参数和相应的编程指令,以便用户能够灵活地定义和调整驾驶员的行为。通过这种方式,用户可以更加精细地模拟特定驾驶行为,以满足研究或规划的需求。

在明确车辆的动力性能、运行规则等模型后,对 VISSIM 提供的 DLL 文件进行修改即可完成新的驾驶行为的构建。完成代码构建后将其汇编为 DLL 文件并导入至 VISSIM 中,就能向 VISSIM 中加入新的驾驶行为模型,接着便可在 VISSIM 驾驶行为一栏中选择自定义模型,VISSIM 会在每个仿真步长中调用每个受影响车辆的 DLL 代码以确定车辆行为。

在设置了这些参数之后,可以在 VISSIM 中运行仿真,观察和分析自动驾驶车辆与传统车辆在不同交通情境下的交互作用,以及它们对整体交通流的影响,有助于评估智能网联交通系统的效能和优化交通管理策略。

11.4 案例示范

11.4.1 案例一:车辆队列编组生成

VISSIM 中可以通过两种方式实现车辆编组(Platooning)功能,内置编组模块、COM 接口实现车辆编队。

1) 内置编组模块

通过 VISSIM 内置的车辆编队功能,可以仿真具有通信能力的自动驾驶车辆,让用户观察如自动驾驶车辆在高速公路走廊上形成、行驶和离开编队的情况,如图 11.3 所示。

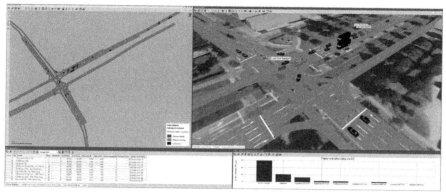

图 11.3　VISSIM 中内置的车辆编队功能示例

在建模方面,需要在每条链接/车道上确定是否允许编队。整个编队的运动由领头车辆决定。所有跟随车辆与其领头车辆有相同的期望速度。

在驾驶行为方面,普通车辆和重型车辆由默认的驾驶行为控制。允许编队的车辆则由修改后的驾驶行为控制,激活了"编队可能"的选项。编队车辆的驾驶行为参数包括:最大编队车辆数(8),最大编队接近距离(250 m),编队—跟随间隙时间(0.20 s),编队—间隔(1.50 m)。

为更好地区分编组车辆和非编组车辆,需要设计编组车队的可视化方式。车辆颜色通过不同的颜色方案区分编队(蓝色)和非编队(黑色)车辆。编队领头车辆显示为深蓝色,而编队内的跟随者显示为浅蓝色。3D 信息标志用于指示前 35 个编队领头车辆。

2) COM 接口实现车辆编队

VISSIM 中也可通过 COM 接口实现车辆编队的功能。需要使用 COM 接口的 VISSIM 模块(VISSIM 9 以上版本),需要安装 Python 2.7 或 Python 3.7 以及 pyWin Build 218 或更高版本。

本实验利用 PTV VISSIM 的 COM 接口,展示了在高速公路上车辆编队的仿真过程。如图 11.4 所示,这一过程包括车辆在网络边缘形成编队,以及车辆接近、加入、离开编队的操作。所有参与仿真的车辆均被设定为自动驾驶车辆,具有特定的驾驶行为。使用专门的驾驶行为模型来实现编队中的车辆间小间隔行驶。该模型具有生成编队、调整车辆间距离、加入现有编队等功能。为了更有效地控制这些操作,可通过脚本和用户定义属性(UDAs)来调整编队参数。

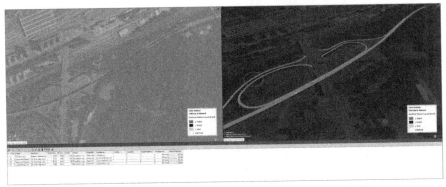

图 11.4　VISSIM 中通过.COM 接口实现车辆编队功能示例

具体 Python 脚本的设计思路如下：

1) 导入必要的模块

脚本开始于导入必要的 Python 模块。这些模块对于实现编队逻辑至关重要。例如，math 模块用于数学计算，还有其他模块用于与 VISSIM 进行交互。

2) 定义编队行为

脚本将定义一系列函数，这些函数用于控制车辆如何在网络边缘形成编队和如何应对车辆离开或加入编队的情况。这可能涉及计算车辆间的距离和调整速度以形成或维持编队。

3) 控制编队动态

脚本可能包含用于实时调整车辆行为的代码段，以便在仿真运行时动态地控制编队。这涉及在车辆离开编队时关闭间隙，或在有新车辆加入时为其打开间隙。

4) 与 VISSIM 交互

脚本将包含与 VISSIM 软件交互的代码，以便将编队逻辑应用于仿真模型。这可能包括设置仿真参数，提取车辆数据，以及将计算结果反馈给 VISSIM。

5) 运行和监控仿真

最后，脚本可能包括启动和监控 VISSIM 仿真的代码。这允许用户观察编队行为如何在实际仿真中展现，并进行必要的调整。

以下示例代码 Platooning.py 是用于 PTV VISSIM 的 Python 脚本，主要用于实现车辆编队。现对代码进行分步骤解析：

1) 导入模块和定义全局变量

导入所需的 Python 模块，如 win32com.client（用于 COM 接口）、os（用于操作系统功能）等。

定义全局变量，如 VISSIM，用于存储 VISSIM 应用程序的实例。

2) main 函数

main 函数作为脚本的入口点,负责调用其他必要的子函数,示例代码如图 11.5 所示。

```
16  def main():
17      """
18      If this script is started externally, this functions calls the required sub-functions
19      to run the example externally.
20      """
21      StartVissim() # Start PTV Vissim via COM
22      Initialization()
23      SimulateExternally()
```

图 11.5　main 函数代码

调用 StartVissim 函数启动 PTV VISSIM 并通过 COM 接口与之连接。调用 SimulateExternally 函数来执行外部仿真。调用 Initialization 函数来初始化仿真环境。

3) StartVissim 函数

这个函数负责启动 PTV VISSIM 并建立 COM 接口连接,示例代码如图 11.6 所示。

使用 win32com.client 模块创建 VISSIM 实例。

```
25  def StartVissim():
26      """
27      Function to start PTV Vissim via COM Interface.
28      """
29      # COM-Server
30      import win32com.client as com
31      import os
32      ## Connecting the COM Server => Open a new Vissim Window:
33      global Vissim
34      Vissim = com.Dispatch("Vissim.Vissim")
35      fileName = 'Platooning.inpx'
36      if Vissim.AttValue('InputFile') != fileName:
37          currentDirectory = os.getcwd()
38          fileComplete = currentDirectory + '\\' + fileName
39          print(fileComplete)
40          Vissim.LoadNet(fileComplete)
```

图 11.6　StartVissim 函数代码

4) SimulateExternally 函数

负责执行外部控制的仿真过程,示例代码如图 11.7 所示。包括对车辆编队行为的控制、数据收集和处理等。

5) Initialization 函数

这个函数用于初始化仿真所需的各项设置,如加载网络、设定仿真参数等,示例代码如图 11.8 所示。

```python
def SimulateExternally():
    """
    Function to run this script from external and not using internal scripts.
    Running the script externally makes debugging easier.
    Internal scripts run faster and are easier to use from within the PTV Vissim GUI.
    """
    # set all scripts to run manually
    Vissim.Net.Scripts.SetAllAttValues('RunType', 1) # 1 == Manually

    simRes = Vissim.Simulation.AttValue('SimRes')
    cntGP1 = 5*simRes
    cntGP2 = 0
    cntUpdate = 0
    for i_ in range(3600*simRes): # to run every single time step
        Vissim.ResumeUpdateGUI()      # allow updating of the complete Vissim workspace (network editor, list, chart and signal time table windows)
        Vissim.Simulation.RunSingleStep()
        Vissim.SuspendUpdateGUI()     # stop updating of the complete Vissim workspace (network editor, list, chart and signal time table windows)

        if cntGP1 == 10*simRes:
            cntGP1 = 0
            numberOfVehicles = 5
            desiredSpeed = 80
            linkNo = 1
            laneNo = 1
            GeneratePlatoon(numberOfVehicles, desiredSpeed, linkNo, laneNo)
        else:
            cntGP1 += 1
        if cntGP2 == 10*simRes:
            cntGP2 = 0
            numberOfVehicles = 5
            desiredSpeed = 80
            linkNo = 1
            laneNo = 2
            GeneratePlatoon(numberOfVehicles, desiredSpeed, linkNo, laneNo)
        else:
            cntGP2 += 1
        if cntUpdate == 1*simRes:
            cntUpdate = 0
            UpdatePlatoons()
        else:
            cntUpdate += 1
```

图 11.7　SimulateExternally 函数代码

```python
def Initialization():
    # Global variables
    global convertFactorDistanceToMeter
    global convertFactorSpeedToMeterPerSecond
    global convertFactorAccelToMeterPerSqureSecond
    global platoons
    global desSpeed
    global desSpeedCloseUp
    global desSpeedMakeRoom   # Desired Speed of vehicles which should make room for entering vehicles
    global safeDist
    global runExtern
    global enteringParametersAll
    global routeLeaving
    global vehicleType
    global vehicleLength

    # check units in PTV Vissim (imperial or metric):
    unitsForDistance = Vissim.Net.NetPara.AttValue('UnitLenShort')
    if unitsForDistance == 'METERS':
        convertFactorDistanceToMeter = 1
    else: # feet
        convertFactorDistanceToMeter = 0.3048
    unitsForSpeed = Vissim.Net.NetPara.AttValue('UnitSpeed')
    if unitsForSpeed == 'KILOMETERSPERHOUR':
        convertFactorSpeedToMeterPerSecond = 0.27777777778
    else: # miles per hour
        convertFactorSpeedToMeterPerSecond = 0.44704
    unitsForAccel = Vissim.Net.NetPara.AttValue('UnitAccel')
    if unitsForAccel == 'METERSPERSQUARESECOND':
        convertFactorAccelToMeterPerSqureSecond = 1
    else: # feet per square second (ft/s^2)
        convertFactorAccelToMeterPerSqureSecond = 0.3048

    offsetToSafetyDistance = 0
    if 'CurrentScript' in locals(): # when this script runs externally, the variable 'CurrentScript' does not exist
        desSpeed = CurrentScript.AttValue('DesSpeed')
        safeDist = CurrentScript.AttValue('SafetyDistance') + offsetToSafetyDistance
    else:
        desSpeed = 80
        safeDist = 13.4 + offsetToSafetyDistance

    desSpeedCloseUp = 65   # Speed [km/h] for vehicles which have to close up in order to close a gap in the platoon
    desSpeedMakeRoom = 70  # Speed [km/h] for vehicles to create a gap in order to allow other vehicles to enter the platoon
    platoons = list([])    # Empty list for the platooning management

    vehicleType = 100
    vehicleLength = Vissim.Net.VehicleTypes.ItemByKey(vehicleType).AttValue('Model2D3D\\Avg:Model2D3DListEl\\Model2D3D\\Length')

    routeLeaving = 99 # In the PTV Vissim model, all routes which lead from the main highway to an exit, needs to have route number 99 (note: not the routing decision number)

    # If a vehicle enters the highway, it looks for a platoon to join.
    # You need to specify which Links are entering (linkEnter), where vehicles enter the highway.
    # From that link, you need to provide the corresponds link (linkMain)
    # Also the routing decision number (routeDes) and the Link number, where the entering Link joins the Platoon => The downstream link where the entering Link merge needs to be provided (mergeLink).
    # Example:                                                              Start Position of Entering Link
    #                                             * - linkEnter - Entering Link; Example Link no. 101
    #                           --------------------------------------------                              <= Driving direction <=
    #          mergeLink (highway); Example Link no. 2       linkMain = Corresponds Link on highway; Example Link no. 6
    #                           *) RouteDes: routing Decision on entering Link
    enteringParametersAll = [{'linkEnter': 101, 'linkMain': 6, 'routeDes': 11, 'mergeLink': 2}, {'linkEnter': 190, 'linkMain': 3, 'routeDes': 15, 'mergeLink': 11}]
    for enteringParameters in enteringParametersAll:
        points3D = Vissim.Net.Links.ItemByKey(enteringParameters['mergeLink']).Points3D.GetMultipleAttributes(['x', 'y', 'ZOffset'])
        enteringParameters.update({'coordMerge': points3D[0]})
```

图 11.8　Initialization 函数代码

6) 其他辅助函数

脚本中可能还包含一些辅助函数,用于执行特定任务。本实验主要实现的功能包括生成车队、判断车队间隙开闭状态、车辆进入车队以及离开车队,示例代码如图 11.9 所示。

```
def GeneratePlatoonScript():
    """
    reads the setting from the UDA of the internal script and passes them to the function "GeneratePlatoon" to create a new platoon.
    """
    numberOfVehicles = CurrentScript.AttValue('NoOfVehicles')
    desiredSpeed = CurrentScript.AttValue('DesSpeed') # unit according to the user setting in Vissim [km/h or mph] can be different to global desSpeed
    linkNo = CurrentScript.AttValue('LinkNo')
    laneNo = CurrentScript.AttValue('LaneNo')
    GeneratePlatoon(numberOfVehicles, desiredSpeed, linkNo, laneNo)

def UpdatePlatoons():
    """
    This function checks if a platoon left the network, vehicles left the platoon, checks also the order of the platoons and their desired speed.
    Also within this function, it checks if new vehicles enter the highway and look for new platoons.
    """
    Vissim.SuspendUpdateGUI()    # stop updating of the complete Vissim workspace (network editor, list, chart and signal time table windows)
    GetVissimData() # update Vissim data
    vehChangeDesSpeed = () # Create a dictionary with vehicle number as key and new desired speed

    # Loop over all single platoons:
    for platoon in platoons:

        # (1) Remove vehicles from platoon which are not in the network anymore:
        RemoveVehiclesFromPlatoonNotExisting(platoon)

        # Remove vehicles from platoon which are not on the highway anymore
        vehAttributesPlatoon = GetVehicleAttributes(platoon)
        vehChangeDesSpeed = CloseUp(vehAttributesPlatoon, vehChangeDesSpeed)

        # (2) If there is only one vehicle in the platoon => end platoon.
        vehChangeDesSpeed = EndPlatoonWithOnlyOneVehicle(platoon, vehChangeDesSpeed)

        if not platoon:
            continue # go directly to next platoon

        # (3) Check order of platoon - maybe a vehicle entered to a different position in platoon as intended
        vehAttributesPlatoon = GetVehicleAttributes(platoon)
        vehChangeDesSpeed = CheckOrderOfPlatoon(platoon, vehAttributesPlatoon, vehChangeDesSpeed)

        # (4) Check desired speeds
        #    (a) if a vehicle is leading a platoon => use global desired speed for platoons
        #    (b) if a following vehicle is as close as it's safety distance => set desired speed to global Desired Speed (desSpeed = CurrentScript.AttValue('DesSpeed'))
        #    (c) if the distance to the vehicle in front is too high => close up
        vehAttributesPlatoon = GetVehicleAttributes(platoon) # read again, because the orientation may have changed
        vehChangeDesSpeed = CheckDesiredSpeedsOfPlatoon(vehAttributesPlatoon, vehChangeDesSpeed)

    # Check if vehicles enter the highway and look for a platoon to merge into:
    vehChangeDesSpeed = AddToPlatoon(vehChangeDesSpeed)

    # Setting the changes in desired speed to PTV Vissim
    SetDesSpeeds(vehChangeDesSpeed)

    # Feedback the current platoons back to PTV Vissim:
    flagCachePlatoonsToNetPara = False
    if flagCachePlatoonsToNetPara:
        CachePlatoonInfo()
    Vissim.ResumeUpdateGUI()    # allow updating of the complete Vissim workspace (network editor, list, chart and signal time table windows)
```

图 11.9 其他辅助函数代码

生成车辆时,设置车队列表后,编写函数将新车加入路网,计算车辆间的位置,完成车队加入新车的操作并同步车辆编号。车辆离开车队的实现首先需获取车队中的所有车辆对象,接着对移除车辆的编号进行搜索从而对车队进行更新。后续代码中则要实现移除车辆之后车队运行状态的更新,为了保持车队的稳定需要消除车辆离开后的间隙,需要控制被移除车辆之后的车辆的期望速度。车辆加入车队的实现首先需要获取合并车队对象的位置数据,并计算车辆合并的时间点。接着需要对时间差进行判断进而决定车辆是否加入车队。后续代码中,与离开车队的逻辑相似,脚本需要控制其余车辆的速度,使车队达到稳定状态。

除了实现以上主要功能外,脚本还需要实现搜寻车队、相对位置计算、速度调整等具体功能。

11.4.2 案例二:通过 C2X 模块实现混合交通流车速动态调整

VISSIM 自 5.3 版本开始针对智能网联交通流仿真设计了 C2X 模块,VISSIM9 版本后强化了 V2I 模块。目前内置功能可实现简单场景下的 CAV—HDV 智能网联混合交通流仿真。通过定义自动驾驶车辆(AV)、网联自动驾驶车辆(CAV)的驾驶行为,设定四种交通流组成:传统人驾车辆 HDVs 交通流、自动驾驶车辆(AVs)交通流、网联自动驾驶车辆(CAVs)交通流、AVs—CAVs 混合流,相关参数设置如表 11.2 和图 11.10 所示。

表 11.2 智能网联交通流组成与仿真参数设置建议

智能网联交通流组成	仿真目的	驾驶行为设置
传统人驾车辆(HDVs)交通流	模拟传统的人类驾驶行为	传统人驾车辆驾驶行为参数
自动驾驶车辆(AVs)交通流	仅包含 AVs,展示其在没有人类驾驶干预下的行为	设定 AV 的驾驶行为,如加速、减速、车距控制等,以模拟其自主驾驶能力
网联自动驾驶车辆(CAVs)交通流	模拟纯 CAVs 流量,展示网联交互如何改善交通流	设定 CAV 的行为,使其不仅具备 AV 的能力,还能通过车辆到基础设施(V2I)和车辆到车辆(V2V)通信进行智能决策
AVs—CAVs 混合流	混合 AVs 和 CAVs,观察在混合环境中它们的相互作用	混合设置上述驾驶行为

Co...	No	Name	Numirzer...	StandDistIsFix	StandDist	CarFollowModTy...	W74bxAdd	W74bxMult	LnChgRule	AdvMerg	DesLatPos	OvtLDef	OvtRDef	LatDistDrivD...	LatDistStand...	ReactTmDistr
1	6	Urban (motorized)	4	☐	0.50 m	Wiedemann 74	2.00	3.00	Free lane selection	☑	Middle of lane	☐	☐	1.00 m	0.20 m	2: Reaction to signal 2s ± 0.3s
2	7	Urban - AV	4	☐	0.50 m	Wiedemann 74	1.50	0.00	Free lane selection	☑	Middle of lane	☐	☐	1.00 m	0.20 m	

(a) 路段驾驶行为模型

Co...	No	Name	Category	Model2D3DDistr	ColorDistr1	OccupDistr	ReceiveSignalInformat...	DesAccelFunc	DesDecelFunc	MaxAccelFunc	MaxDecelFunc
1	100	Car	Car	10: Car	103: BLACK	2: Single Occupancy	☐	1: Car	1: Car	1: Car	1: Car
2	101	Car-AV	Car	15: Car AV	105: YELLOW	2: Single Occupancy	☐	2: Car-no distr...	2: Car-no distr...	2: Car-no distr...	2: Car-no distr...
3	102	Car-CAV	Car	15: Car AV	102: RED	2: Single Occupancy	☑	2: Car-no distr...	2: Car-no distr...	2: Car-no distr...	2: Car-no distr...

(b) 车辆类型

Co...	No	Name
1	1	Conventional - cars only
2	2	AVs - cars only
3	3	Mix: AVs & CAVs
4	4	CAVs only

(c) 车流类型

图 11.10 VISSIM 中实现智能网联混合交通流设置

在图 11.11 的简单四路交叉口,可展示自动驾驶车辆(AV)在简单交叉口中对延迟和排队长度的潜在影响。

(1) 车辆输入和交通组成:使用三种车辆组合:常规车辆、自动驾驶车辆和混合车流。

(2) 驾驶行为:自动驾驶车辆(AV)的驾驶行为被修改,以保持更小的静止距离和更小的车头间隔,对信号的反应更迅速,严格遵守期望速度,并且加速和减速相等。

(3)节点评估:激活节点评估以收集延迟和排队长度的数据,以清晰地展示各个入口之间的差异。

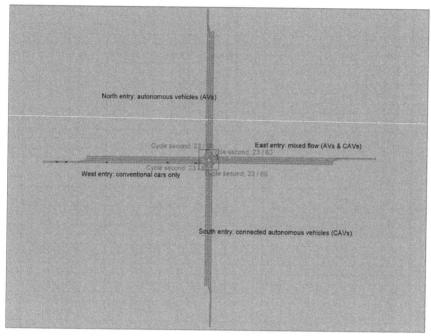

图 11.11　VISSIM 中通过 C2X 模块实现智能网联混合交通流在简单交叉口的车速动态调整

下述案例可以展示智能网联技术与信号控制技术联动后的优势,具体体现如下:CAV 接收即将到来的信号灯的状态信息,并据此计算到达下一个绿灯开始和结束时的最佳速度,使连接的自动驾驶车辆(CAV)通过接收信号信息,调整速度以在绿灯时到达,从而减少停车次数和燃油消耗。具体参考步骤如下:

1)创建一个简单的交叉口模型

首先设计一个简单的四路交叉口,确保每个方向的交通流量相同,但车辆组成不同,如图 11.11 所示:

(1)西入口:常规车辆,使用默认驾驶参数,无信号信息接收能力。

(2)北入口:自动驾驶车辆,驾驶参数调整(如更小的安全距离),无信号信息接收能力。

(3)东入口:混合车流,包括 AV 和具有调整驾驶参数的 CAV。

(4)南入口:CAV,具有调整驾驶参数和信号信息接收能力。

2) 设置用户定义属性(UDAs)和公式

定义各种网络对象类型的 UDAs 和公式,以设定指定状态或获取指定数据,如图 11.12 所示。

Co...	No	VehType	Pos	Speed	DesSpeed	DistanceToSigHead	SpeedMaxForGreenStart	SpeedMinForGreenEnd	OrgDesSpeed	VehType\ReceiveSignalInformation
1	77	101: Car-AV	230.787 m	52.05 km/h	50.00 km/h	0.00 m	0.00 km/h	0.00 km/h		☐
2	80	102: Car-CAV	37.721 m	49.80 km/h	50.00 km/h	0.00 m	0.00 km/h	0.00 km/h		☑
3	81	101: Car-AV	229.574 m	50.35 km/h	50.00 km/h	0.00 m	0.00 km/h	0.00 km/h		☐
4	84	101: Car-AV	205.968 m	49.55 km/h	50.00 km/h	0.00 m	0.00 km/h	0.00 km/h		☐
5	89	102: Car-CAV	217.015 m	50.46 km/h	50.00 km/h	0.00 m	0.00 km/h	0.00 km/h		☑
6	90	102: Car-CAV	197.052 m	48.89 km/h	50.00 km/h	0.00 m	0.00 km/h	0.00 km/h		☑
7	91	102: Car-CAV	23.903 m	49.32 km/h	50.00 km/h	0.00 m	0.00 km/h	0.00 km/h		☑
8	92	102: Car-CAV	102.215 m	48.10 km/h	50.00 km/h	0.00 m	0.00 km/h	0.00 km/h		☑
9	93	102: Car-CAV	165.724 m	48.64 km/h	50.00 km/h	0.00 m	0.00 km/h	0.00 km/h		☑
10	94	101: Car-AV	148.481 m	48.66 km/h	50.00 km/h	0.00 m	0.00 km/h	0.00 km/h		☐
11	97	100: Car	244.990 m	0.00 km/h	50.59 km/h	1.08 m	0.39 km/h	0.21 km/h		☐
12	98	102: Car-CAV	8.021 m	48.43 km/h	50.00 km/h	0.00 m	0.00 km/h	0.00 km/h		☑
13	99	102: Car-CAV	21.219 m	47.52 km/h	50.00 km/h	0.00 m	0.00 km/h	0.00 km/h		☑
14	101	102: Car-CAV	22.892 m	46.25 km/h	50.00 km/h	0.00 m	0.00 km/h	0.00 km/h		☑
15	102	102: Car-CAV	8.012 m	39.87 km/h	50.00 km/h	0.00 m	0.00 km/h	0.00 km/h		☑
16	103	102: Car-CAV	240.021 m	32.93 km/h	50.00 km/h	4.87 m	0.32 km/h	4.38 km/h		☑
17	105	101: Car-AV	248.509 m	0.00 km/h	50.00 km/h	0.92 m	0.13 km/h	0.10 km/h		☐
18	106	100: Car	245.173 m	0.00 km/h	57.25 km/h	0.90 m	0.32 km/h	0.17 km/h		☐
19	107	100: Car	238.536 m	0.00 km/h	50.48 km/h	7.54 m	2.71 km/h	1.43 km/h		☐
20	108	100: Car	238.998 m	0.00 km/h	49.37 km/h	7.07 m	2.55 km/h	1.34 km/h		☐

图 11.12 VISSIM 中设置混合交通流用户定义属性

(1) 使用“GreenStart”和“GreenEnd”输入为每个信号组计算下一个绿灯和红灯的时间。

(2) 使用公式 UDAs“TimeUntilNextGreen”和“TimeUntilNextRed”进行计算。

(3) CAV 使用这些信息计算最佳速度,以在绿灯时到达信号,这在公式 UDAs“SpeedMinForGreenEnd”和“SpeedMaxForGreenStart”中体现。

3) 速度控制脚本

使用内部脚本从 PTV VISSIM 读取信息,并更新 CAV 的期望速度,以在绿灯时到达。

(1) 可使用外部脚本 Change Speed. py,用于根据交通信号信息自动调整车辆的行驶速度,示例代码如图 11.13 所示。该脚本核心功能是接收来自

```
def ChangeSpeed():
    diffSpeed = 2 # keep speed a little smaller so that vehicle arrive shortly before the signal head.
    GetVissimDataVehicles() # read vehicle attributes from PTV Vissim to global variable "vehsAttributes"

    if len(vehsAttributes) > 1: # if there are any vehicles in the network
        for vehAttributes in vehsAttributes: # loop over all vehicles in the network
            if vehAttributes[vehsAttNames['VehType\\No']] in vehTypesEquipped: # check if vehicle is able to receive signal information
                # set easier variables of the current vehicle:
                DesSpeed = vehAttributes[vehsAttNames['DesSpeed']]
                OrgDesSpeed = vehAttributes[vehsAttNames['OrgDesSpeed']]
                DistanceToSigHead = vehAttributes[vehsAttNames['DistanceToSigHead']]
                SpeedMaxForGreenStart = vehAttributes[vehsAttNames['SpeedMaxForGreenStart']] # Maximum speed to arrive at the next green start. If the vehicle
drives faster it would arrive at the signal before the next green time.
                SpeedMinForGreenEnd = vehAttributes[vehsAttNames['SpeedMinForGreenEnd']] # Minimum speed to arrive at the next green end. If the vehicle drives
slower, it would not make it in the current / next green time.

                if OrgDesSpeed is None: # if the original desired speed has not yet saved, save it to the UDA "OrgDesSpeed"
                    OrgDesSpeed = DesSpeed
                    vehAttributes[vehsAttNames['OrgDesSpeed']] = DesSpeed # OrgDesSpeed = DesSpeed;  save original desired speed

                # if the vehicle does not have a upcoming signal: set original desired speed
                if DistanceToSigHead <= 0:
                    vehAttributes[vehsAttNames['DesSpeed']] = OrgDesSpeed # DesSpeed = OrgDesSpeed
                    continue # jump to next vehicle

                #-----------------------------------|
                #  Decide about the optimal speed    |
                #-----------------------------------
                if SpeedMinForGreenEnd > SpeedMaxForGreenStart:
                    # The minimum speed for arriving before the next green end is higher than the maximum speed to arriving after the next green start. This is
only possible in case the next signal is green.
                    # > there is green ahead!
                    optimalSpeed = OptimalSpeedMin(SpeedMinForGreenEnd, OrgDesSpeed)
                    if optimalSpeed == -1: # check if no optimal speed in case the desired speed is larger or equal the required minimum speed
                        optimalSpeed = OptimalSpeedMax(SpeedMaxForGreenStart, OrgDesSpeed)
                else:
                    # There is red light ahead!
                    # Use maximum speed:
                    optimalSpeed = max(min(SpeedMaxForGreenStart, OrgDesSpeed) - diffSpeed, minSpeed)

                vehAttributes[vehsAttNames['DesSpeed']] = optimalSpeed # set optimal speed to the vehicles attributes

        #-----------------------------------------------------------------
        #  After iterating though all vehicles, update the speeds in PTV Vissim     |
        #-----------------------------------------------------------------
        vehicleNumDesiredSpeeds = [[x[vehsAttNames['DesSpeed']], x[vehsAttNames['OrgDesSpeed']]] for x in vehsAttributes]
        Vissim.Net.Vehicles.SetMultipleAttributes(('DesSpeed', 'OrgDesSpeed'), vehicleNumDesiredSpeeds)
```

图 11.13 VISSIM 中设置混合交通流用户定义属性

信号控制器的信息（例如，下一个绿灯开始和结束的时间），并据此计算每辆车到达下一个交叉口的最佳速度。特别适用于网联自动驾驶车辆(CAV)的仿真，这些车辆可以接收并响应外部信号控制信息。

（2）实现的主要目标是使网联车辆在绿灯时不停车通过交叉口，路网中的网联车辆须针对即将到来的不同信号灯状态进行反应。如果信号灯即将变绿，则尽量调整速度至刚好于绿灯开始时间到达交叉口；如果信号灯即将变红，则调整至最大速度使其能在绿灯结束前刚好通过交叉口。此处需要设置不同的判断阈值以尽量满足车流中所有车辆的需求。

4）可视化和数据收集

（1）使用信号头的标签来可视化信号的状态和周期时间。

（2）收集和展示不同入口车辆的平均停车次数和燃油消耗数据。

（3）观察 AV 和 CAV 对交通流的相对影响

11.4.3 实验结果分析

如图 11.14 所示，案例一的仿真可视化结果中，观测到不同速度的车辆呈现不同颜色，进入车队后的车辆全部为最高速度的绿色车辆。提取进入车队前后的车辆的相关数据期望值，可以看出进入车队后的车辆拥有更高的车速以及更短的车头时距，体现出高速公路场景中自动驾驶交通流更稳定、更高效的特征。

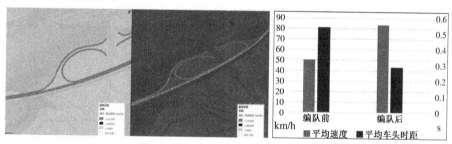

图 11.14 车辆编队仿真输出结果

如图 11.15 所示，输出案例二的仿真结果，可发现四个进口道的交通流依照智能网联程度从低到高的顺序呈现了逐渐增加的排队长度。其中西进口中的普通车辆交通流由于既缺少信号接收能力又缺少自动调整速度的能力，与其余车流的排队长度的差异最明显。单纯的网联车辆交通流拥有最短的排队长度，混合流则介于网联车辆交通流与自动驾驶车辆交通流之间。

如图 11.16 所示，同样的，在油耗方面仿真结果呈现出和排队长度相同的趋势，从现实出发，可以看出网联车辆在降低延误和提升驾驶体验以及减少排放上都呈现出更优秀的表现。

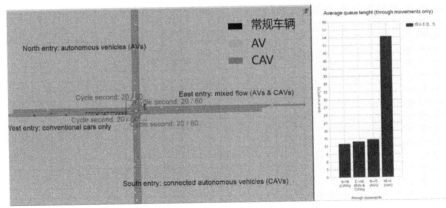

图 11.15　混合交通流仿真输出结果(排队长度)

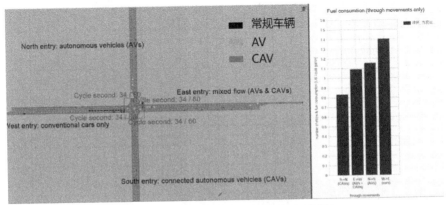

图 11.16　混合交通流仿真输出结果(油耗)

11.5　小结与思考

在本章中,我们深入探索了智能网联交通流运行仿真。通过使用 PTV VISSIM 软件,结合其 C2X 模块和 Python 脚本,成功模拟了智能网联交通系统(ITS)在多种场景下的行为。实验覆盖了自动驾驶车辆(AV)、网联自动驾驶车辆(CAV)以及传统人驾车辆(HDV)在不同交通流组合下的交互作用。

本章实验重点关注了两个核心主题:

(1) 智能网联车辆在简单交叉口的延迟和排队长度影响。

通过信号信息调整车辆速度以减少停车次数和燃油消耗。

(2) 不同类型车辆(HDV、AV、CAV)在多种交通流组合下的性能比较。

通过仿真,我们可观察到智能网联技术如何优化交通流动性,减少延误,并提高整体道路安全性。特别是在信号控制的交叉口环境中,CAVs 展现了其在流量管理和减少停车次数方面的明显优势。

请根据本章的内容,思考以下问题:

1) 技术发展与未来应用:随着智能网联技术的不断进步,未来的交通系统可能会如何变化?这项技术在改善交通安全、提高效率和减少环境影响方面有哪些潜力?

2) 数据驱动的决策:智能网联系统如何利用收集到的数据来做出更加智能和高效的交通管理决策?数据隐私和安全在这一过程中扮演了怎样的角色?

3) 多模态交通系统:智能网联技术如何与其他交通模式(如公共交通、非机动车等)相结合,创建一个更加高效、可持续的交通生态系统?

4) 公众接受度与政策挑战:公众对智能网联技术的接受程度如何?政府和政策制定者需要采取哪些措施来促进这项技术的发展和应用?

5) 长期影响:智能网联交通技术对城市规划、地理布局和日常生活将产生哪些长期影响?

参考文献

[1] Bevly D, Cao X, Gordon M, et al. Lane change and merge maneuvers for connected and automated vehicles: A survey [J]. IEEE Transactions on Intelligent Vehicles, 2016, 1(1): 105-120.

[2] Fayazi S A, Vahidi A, Luckow A. A Vehicle-in-the-Loop (VIL) verification of an all-autonomous intersection control scheme [J]. Transportation Research Part C: Emerging Technologies, 2019, 107: 193-210.

[3] Jia D, Sun J, Sharma A, et al. Integrated simulation platform for conventional, connected and automated driving: A design from cyber-physical systems perspective [J]. Transportation Research Part C: Emerging Technologies, 2021, 124: 102984.

[4] Rahman M S, Abdel-Aty M, Lee J, et al. Safety benefits of arterials' crash risk under connected and automated vehicles [J]. Transportation Research Part C: Emerging Technologies, 2019, 100: 354-371.